DIEDERICHS
GELBE REIHE

SVFFICIT.

N.
MDLX
XXVI
AVG
XVII

♂
MDC

IOH: VALENTINVS
ANDREÆ

Wolfgang   Kilian sculp.

Die Bruderschaft der Rosenkreuzer

Esoterische Texte

Herausgegeben
von Gerhard Wehr

Eugen Diederichs Verlag

Mit 22 Abbildungen im Text und einem Frontispiz

CIP-Kurztitelaufnahme der Deutschen Bibliothek

Andreae, Johann Valentin:
Die Bruderschaft der Rosenkreuzer : esoter. Texte
[Johann Valentin Andreae]. Hrsg. von Gerhard Wehr.
1. Aufl. – Köln : Diederichs, 1984.
   (Diederichs' Gelbe Reihe ; 53 : Christentum)
   ISBN 3-424-00793-5
NE: Wehr, Gerhard [Hrsg.]; GT

Erste Auflage 1984
© Eugen Diederichs Verlag GmbH & Co. KG, Köln
Umschlaggestaltung: Eberhart May, Bergisch Gladbach
Gesamtherstellung: Wagner GmbH, Nördlingen
ISBN 3-424-00793-5

Inhalt

Einführung

Das Rosarium philosophorum sagt: «Mach um Mann und Frau einen runden Kreis und ziehe aus diesem das Viereck und aus dem Viereck das Dreieck aus. Mach einen runden Kreis, und du wirst den Stein der Philosophie haben.»

C. G. Jung beschreibt dieses Bild in seinem Buch «Psychologie und Alchemie» (Zürich 1944) als die Quadratur des Zirkels, die zwei Geschlechter zu einer Ganzheit zusammenfassend.

> «Darauf rüstete ich mich auf den Weg,
> zog meinen weißen Leinenrock an,
> umgürtete meine Lenden mit einem blutroten Band,
> kreuzweise über die Schultern gebunden.
> Auf meinen Hut steckte ich vier rote Rosen . . .»
>
> Die Chymische Hochzeit (1616)

In Zeiten von Krieg, Not und scharfer gesellschaftlicher Umbrüche greifen nicht nur Verzweiflung und Weltuntergangsstimmung um sich. Es keimen auch Sehnsüchte und Hoffnungen. Utopien einer neuen Lebensform leuchten auf. Gefragt sind Menschen, die «eine Vision» haben, Träumer und Volkstribunen; Menschen, die die Zeichen der Zeit deuten und die Führung ins Unbetretene, Ungewisse wagen. Vielleicht unter einem bildkräftigen Symbol, von dem eine gemeinschaftsbildende Kraft ausgeht.

Zahlreich die Möglichkeiten der Täuschung und des Getäuschtwerdens; Scharlatane und Pseudo-Gurus haben leichtes Spiel. Umso mehr sucht man nach legitimierten Meistern und Seelenführern. Spirituelle Lehre und Unterweisung allein genügen indes nicht; das innen Geschaute muß sich in der Welt bewähren, sich in Alltagspraxis umsetzen lassen.

Wendezeit

Der Übergang vom 16. zum 17. Jahrhundert markiert eine solche Wende. «De revolutionibus orbium caelestium» (Von den Umwälzungen am Himmel) hatte bereits Nikolaus Kopernikus sein programmatisches Werk betitelt. Auch wenn Martin Luther ihn einen Narren schalt, der die ganze «Kunst Astronomia» habe umkehren wollen, so steht doch für viele außer Frage: Das «Revolutionäre» kann am Lauf der Gestirne abgelesen werden. Durch die Verbindung von Mathematik und naturwissenschaftlicher Beobachtung lassen sich Doktrinen und Spekulationen der Alten durch konkrete Erfahrungen verdrängen, durch empirisches Wissen das bloße Buchwissen von einst. Diese Wende markiert bereits Paracelsus: «So wisset nun . . ., daß die Bücher, so an euch und an mich von den Alten her gelangt sind, mich genugsam zu sein nicht gedeucht haben, denn sie sind nicht vollkommen, sondern sie stellen eher eine ungewisse (d. h. unzuverlässige) Schrift dar, die mehr zur Verführung dient als zum Betreten des rechten (zuverlässigen) Wegs. Aus eben dem Grund habe ich sie verlassen.»

So kann und darf sprechen, wer auf seine Weise die Wende vollzieht und damit Generationen von Ärzten, Pharmazeuten, Naturforschern einen Weg bahnt. Mit der Entwicklung der modernen Naturwissenschaft geht die Entwicklung der dafür nötigen technischen Apparaturen Hand in Hand, etwa die Herstellung von Teleskopen (bald nach 1600). René Descartes, der vielgenannte Cartesius, liefert später die Methodik für die neue Denkrichtung. Mit der Formel «Cogito ergo sum – ich denke, also bin ich» wird der Zweifel zum Ansatzpunkt für das kritische Denken und das freie Forschen erklärt. Damit läßt sich eine Formel von Mensch und Welt entwerfen, in der Maß, Zahl und Gewicht die entscheidenden Kriterien für «Wirklichkeit» darstellen.

Aber reichen diese Kriterien aus, um die ganze Wirklichkeit in den Blick zu bekommen? Was ist faktisch erreicht, nachdem die Welt mathematisch faßbar und technisch bezwingbar geworden ist? Geht mit dem Gewinn an äußerer, naturwissenschaftlich ergründbarer Wirklichkeit nicht gleichzeitig ein Verlust der inneren, spirituellen Dimension einher? Noch ahnt niemand, zu welchen lebensbedrohenden Konsequenzen eine derartige Wissenschaft führen wird. Immerhin ist festzuhalten: Am Gegen-Stand der materiellen Welt erwacht der Mensch mehr und mehr zu sich selbst. Er wird sich der Größe des Universums bewußt. Er tritt aus den Bindungen alter Ordnung heraus und erlebt sich als ein autonomes Ich. Dies ist der Prozeß, der sich im Zeitalter der Renaissance ankündigte und dem der Humanismus seinen Namen gab. Ein halbes Jahrtausend später wird ein geschundener Mensch im KZ die Summe ziehen: «Gott als moralische, politische, naturwissenschaftliche Arbeitshypothese ist abgeschafft, überwunden... Es gehört zur intellektuellen Redlichkeit, diese Arbeitshypothese fallen zu lassen bzw. sie so weitgehend wie irgend möglich auszuschalten...» So weit Dietrich Bonhoeffer, als Widerstandskämpfer 1945 hingerichtet. Daß damit das letzte Wort noch nicht gesprochen ist, wußte der evangelische Theologe genau. Damit ist lediglich ideengeschichtlich eine Linie gezogen.

Was den Übergang zum 17. Jahrhundert interessant erscheinen läßt, hängt mit der Art und Weise zusammen, wie spirituell Suchende den Gang der Entwicklung verfolgten, wie sie innere Erfahrung und äußere Naturforschung in der «universellen Lehre» (Pansophie) einzubringen suchten.

Allerdings um 1600 ist die Aufbruchsstimmung, die einst den jungen Augustinermönch Martin Luther beflügelt hatte, vorbei. Die religiöse Erfahrung des Wittenbergers, die zur reformatorischen Erkenntnis (ab

1513) und zur Proklamation der «Freiheit eines Christenmenschen» (1520) geführt hatte, war schon zu Luthers Lebzeiten einem Streit der Theologen gewichen. In diesem Streit geht es seit Mitte des 16. Jahrhunderts um religionspolitische – und das heißt allemal auch um machtpolitische – Interessen der Landesfürsten und Magistrate. Mit dem Feilschen um Bekenntnisformeln sucht man den Mangel an ursprünglicher *religio* zu bemänteln. Die Rabies theologorum (Wut der Theologen) feiert fragwürdige Triumphe. Das jahrzehntelange Ringen innerhalb des Protestantismus mündet irgendwann in den Dreißigjährigen Krieg ein. Daran kann auch die sogenannte Konkordien- und Eintrachtsformel von 1577 nichts ändern. Einer der maßgeblichen Mitautoren dieser innerprotestantischen Bekenntnisschrift ist der schwäbische Theologe Jakob Andreae (1528 bis 1590), einst Kanzler der Universität Tübingen.

Um die Jahrhundertwende hat der christliche Glaube also, jedenfalls in weiten protestantischen Kreisen, an Ursprünglichkeit eingebüßt. Er ist zum Streitobjekt zänkischer Pastoren geworden, die ihrerseits von Brot- und Landesherren abhängen (Wess' Brot ich eß, dess' Lied ich sing!). Der kopernikanische Schock hat die Zeitgenossen verunsichert: der Himmel ist nicht mehr oben! Wo aber ist dann Gott? Droht in solcher Lage nicht die Flucht in eine weltferne Innerlichkeit? Oder gibt es eine Chance, Geist und Materie in der Schau des «Unus mundus», d. h. der einen geistig-materiellen Welt miteinander zu verbinden?

Nach allgemeiner Anschauung ist der Mikrokosmos Mensch in geheimnisvoller Weise mit dem Makrokosmos verwoben: Was unten ist, entspricht dem, was oben ist, so lautet die alte hermetische Weisheit.

*Symbolischer Holzschnitt, mit der heiligen Drei (anima, spiritus, corpus)
und der heiligen Sieben der Rosenkreuzer*

Kein Geringerer als Johannes Kepler treibt immer
noch Astrologie, um sich seinen Lebensunterhalt zu
verdienen. Bald ist er auf der Flucht vor den Katholi-
ken, bald vor seinen eigenen Glaubensgenossen. Am
Hofe Rudolfs II., des «saturnischen Kaisers» zu Prag,
findet er zeitweiligen Unterschlupf. Ihm wie auch Ty-
cho Brahe und dem aus Rendsburg stammenden Alchymisten und kaiserlichen Leibarzt Michael Maier ist
der Kaiser ein verständnisvoller Förderer. Noch blü-
hen die hermetischen Künste, nicht am wenigsten die
Alchymie. Da die Elemente und die auf sie bezogene
Signaturenlehre immer auch die spirituelle Dimension
der *einen* Wirklichkeit umschließt, stellt das eigentliche

«Ergon» oder «Opus» (Werk) einen spirituellen Prozeß der Reinigung, der Einweihung und der Wandlung (Transformation) dar. Nicht nur ein stoffveredelnder chemischer Prozeß ist daher in Gang zu bringen, sondern stets auch ein innerer. Zahlreiche alchymistische Schriften beschäftigen sich mit dem Einweihungs- und Reifungsvorgang des Menschen und befleißigen sich gerade darin der alchymistischen Terminologie. Der Hinweis: «Aurum nostrum non aurum vulgi – unser Gold ist nicht das gewöhnliche, das Allerweltsgold», gibt die Richtung an. Das Ziel der *chymischen Hochzeit* korrespondiert somit aufs Engste mit der Verwirklichung des Menschen, so rätselhaft und geradezu grotesk die einzelnen Rezepturen und Prozeduren dem naturwissenschaftlich aufgeklärten Leser das heute anmutet. Die Bereitung des «Steins der Weisen» (Lapis philosophorum) findet somit *im Menschen selbst* sein Ziel, im Sinne des Leitmotivs, das dem Paracelsisten Gerhard Dorn (Dorneus) zugeschrieben wird:

«Transmutemini in vivos lapides philosophicos! Wandelt euch in lebendige philosophische Steine um!»

Daß die Alchymie von daher gesehen eine geistesgeschichtliche Entsprechung zum tiefenpsychologischen Reifungsprozeß der Individuation im Sinne C. G. Jungs darstelle, sei an dieser Stelle wenigstens erwähnt. Vor allem in Jungs Spätwerk (z. B. «Psychologie und Alchemie», 1944; «Mysterium Coniunctionis», 1955/56) hat er die entsprechenden geistesgeschichtlich symbolkundlichen Nachweise in großer Zahl geliefert.

Und es steht außer Frage: Wenn auch ungezählte

Coniunctio solis et lunae – «Die Vereinigung der Gegensätze in der archetypischen Form des hieros gamos, nämlich der ‹Chymischen Hochzeit›. In dieser werden die supremen Gegensätze in der Gestalt des Männlichen und des Weiblichen (wie im Chinesischen Yin und Yang) zu einer Einheit verschmolzen, welche keine Gegensätze mehr enthält und damit inkorruptibel ist» (C. G. Jung, Psychologie und Alchemie)

betrogene Betrüger sich im Laufe der Jahrhunderte als vermeintliche Goldmacher ausgaben, mit der originären Alchymie als einer spirituellen Disziplin ist deren Treiben nicht zu verwechseln. So wie – ein Jahrhundert später – der Freimaurer gemäß der alten maurerischen Symbolik den «rauhen Stein» bearbeitet und damit die Veredlung des Menschenwesens im Blick behält, so der Alchymist des 16./17. Jahrhunderts unter Verwendung hermetisch-chemischer Terminologie. Ersehnt wird die heilige Coniunctio, die Verschmelzung der Gegensätze in der «Chymischen Hochzeit».

Abseits der hohen Schulen wird das pansophische Wissen gepflegt, im Sinne des großen Paracelsus, der von den beiden Lichtern sprach. Gemeint ist das Licht der Natur (lumen naturae) und das Licht des Geistes oder der Gnade (lumen gratiae). Das Licht der Natur wird vermittelt durch die «Jungfrau Experiantia», d. h. durch das (naturwissenschaftliche) Experiment, dann durch die Beachtung der charakteristischen Zeichen (signatura rerum), die der Schöpfer allen natürlichen Gestalten eingeprägt hat. Das Licht des Hl. Geistes aber wird – mit Jakob Böhme zu reden – durch die «Jungfrau Sophia» vermittelt.

Haben diese kleinen vergeistigten Gruppen die Kraft, in dieser Umbruchssituation, in der um sich greifenden Frömmigkeitskrise eine Reformation herbeizuführen? Und zwar nicht nur eine Erneuerung im religiösen Bereich, wie Luther sie einst bewirkt hat, sondern eine «Reformatio generalis», Natur und Wissenschaft umschließend, moralische Impulse vermittelnd, die auf die ganze Gesellschaft einwirken.

Generalreformation im Zeichen von Kreuz und Rose

«Reformatio generalis», so lautet die Parole zu Beginn des 17. Jahrhunderts, noch ehe die vom unversöhnlichen Konfessionalismus erhitzten deutschen Landesfürsten zum großen Krieg rüsten. Um 1604 und 1606 erregt ein Komet die Gemüter vieler. Apokalyptische Weissagungen machen die Runde. Will sich nicht endlich das Reich des Heiligen Geistes verwirklichen, das der kalabresische Seherabt Joachim von Fiore schon vor Jahrhunderten schauend vorausnahm?

Unbekümmert um den Theologenzwist, der vor allem von lutherischen Kanzeln und Kathedern geführt wird, vertiefen sich jene Stillen im Lande in heimlich kopierte Manuskripte, etwa im Schlesischen, wo seit 1612 die geistvoll-wunderliche «Morgenröte im Aufgang» des Görlitzer Schusters Jakob Böhme von Hand zu Hand geht. Diese von der lutherischen Orthodoxie als gefährliche Ketzerei verleumdete «Aurora» ist Niederschlag einer geistigen Schau, in der Schöpfer und Schöpfung, Natur und Geist eben jene pansophische Synopse darstellen, nach der die Sucher und die spirituell Wachen verlangen. Aber die Nachstellungen der protestantischen «Inquisition» sorgen dafür, daß die Geschichte des Jakob Böhme für geraume Zeit nur den verschwiegenen Zirkeln einer mystisch-theosophischen Esoteriker-Kirche bekannt werden.

Da erscheint im Jahre 1614 ein anonymes Buch mit dem gewichtigen Titel «Allgemeine und Generalreformation der ganzen weiten Welt» mit einem Appendix, dem relativ kurzen Text «Fama Fraternitatis des löblichen Ordens des Rosenkreuzes an alle Gelehrte und Häupter Europas geschrieben. . .»

Ein erstaunliches Konvolut, denn bei dem erstgenannten Titel handelt es sich um eine Übersetzung einer satirischen Schrift, in der der kurz zuvor verstorbene T. Boccalini die Vorschläge zur Weltverbesserung, zu all den ersehnten Reformen, lächerlich macht. Dennoch erkennt der habsburgfeindliche italienische Liberale die Notwendigkeit einer neuen Reformation an. Er schreibt im Geist des Giordano Bruno, der im Jahre 1600 auf dem Campo dei fiori als Ketzer öffentlich verbrannt worden ist. Während Boccalinis Ausführungen eher von Melancholie und Trübsinn gekennzeichnet sind, ist die rosenkreuzerische «Fama» vom Feuer einer jugendlichen Begeisterung durchglüht. Mit erstaunlichem Selbstbewußtsein meldet sich der ungenannte Autor zu Wort. Oder sind es mehrere?

«Wir, die Brüder der Fraternität des R. C. (d. i. Rosenkreuz) entbieten allen und jedem, die diese unsere Fama christlicher Meinung lesen, unsern Gruß, Liebe und Gebet.»

Kaum ist der Gruß entboten, gehen der bzw. die Autoren zum Angriff über. Er richtet sich gegen die «unbesonnene Welt» derer, die auf die alten Autoritäten in Kirche und Schule, in Theologie und Philosophie schwören und dadurch den Gang der Entwicklung hemmen. Um nichts geringeres als um «das Ziel einer Generalreformation» geht es den Brüdern der «Fraternität des hochlöblichen Ordens vom Rosenkreuz». Und kein anderer als «der tiefsinnige, geistvolle und hocherleuchtete Vater und Bruder C. R. C., ein Deutscher, unserer Fraternität Haupt und Begründer» hat sich um die Annäherung an dieses große Ziel bemüht: durch seinen Studiengang, durch Reisen in den Osten, durch die Verschmelzung vorderorientalischer Weisheit mit der christlichen Spiritualität, schließlich durch die Stiftung besagten Ordens vom Rosenkreuz. Die Fama gibt darüber nähere Auskunft.

Die Doppelsinnigkeit des «Rosenkreuzes» liegt auf der Hand; denn einerseits handelt es sich bei «Frater C. R. C.» (d. i. Bruder Christianus Rosencreutz) um die Persönlichkeit des Stifters; auf der anderen Seite bezeichnet der Name das Doppelsymbol von Kreuz und Rose. Ist das Kreuz durch die Passion und den Tod Jesu Christi eindeutig bestimmt, so repräsentiert die Rose in besonderer Weise das neue Leben, das dem (mystischen) Tod abgerungen werden soll. Und eben

Allgemeine und General
Reformation
der gantzen weiten Welt.

Beneben der
Fama Fraternitatis,

Deß Löblichen Ordens des Rosencreutzes, an
alle Gelehrte vnd Häupter Europä geschrieben.

Jetzo öffentlich in Druck verfertiget, vnd allen
trewen Hertzen communiciret worden.

R.   C.

R.   C.

Gedruckt zuerst zu Cassel, durch Wilhelm Wessell,

Anno M. DC. XIV.

Der äußersten Seltenheit wegen wieder aufgelegt,
und mit einem Anhange verschiedener dahin gehörigen Schrifften vermehret.

Regenspurg Anno MDCLXXXI.

«Sprechender» Buchtitel, wie er zur Barockzeit üblich ist

auf diesen Mysteriengang weist die Fama im Text selbst ausdrücklich hin:

Ex deo nascimur,
In Jesu morimur,
Per spiritum reviviscimus.

Aus Gott sind wir geboren,
In Jesu sterben wir,
Durch den (Hl.) Geist werden wir wiedergeboren.

Nun ist die Verbindung von Kreuz und Rose spätestens seit Martin Luther bekannt:

Des Christen Herz auf Rosen geht,
Wenn's mitten unterm Kreuze steht.

Über sein Wappen hat sich der Wittenberger Reformator selbst unmißverständlich geäußert, nämlich im Coburger Brief vom 8. Juli 1530 an den Nürnberger Ratsschreiber Lazarus Spengler, indem er das «Merkzeichen» seiner Theologie wie folgt interpretiert:

«Das erste soll ein schwarz' Kreuz sein im Herzen, welches Herz seine natürliche (d. h. rote) Farbe hat, damit ich mir selbst Erinnerung gebe, daß der Glaube an den Gekreuzigten uns selig macht... Ob's nun wohl ein schwarz' Kreuz ist, mortifiziert (tötet) und soll auch weh tun, dennoch läßt es das Herz in seiner Farbe, verderbt die Natur nicht, das ist, es tötet nicht, sondern es erhält lebendig... Solch ein Herz soll aber mitten in einer weißen Rose stehen, anzuzeigen, daß der Glaube Freude, Trost und Friede gibt und sogleich in eine weiße, fröhliche Rose setzt, nicht wie die Welt Friede und Freude gibt...»

Wenngleich Luther hier von einer weißen Rose spricht – er tut's im Zusammenhang des roten Herzens – so spricht doch die Kombination von Kreuz und Rose für sich. Der Autor der Fama beschränkt sich im übrigen nicht darauf, die Theologie Luthers zu symbolisieren. Ihm geht es um mehr, nämlich um ein neues, dem Schwarz des Kreuzes abgerungenes Leben. Und er läßt keinen Zweifel darüber aufkommen, daß jener Christian Rosenkreuz selbst eine Imagination, eine ideelle Verkörperung dieses Lebens ist, also keine historische Persönlichkeit. Der Text nennt ihn geradezu «Granum pectoris Jesu insitum», d. h. das dem Herzen Jesu eingepflanzte Samenkorn. Als solches sei Rosenkreuz für sein Jahrhundert (das 14.) der Träger göttlicher Offenbarung, der Hüter himmlischer wie irdisch-menschlicher Mysterien gewesen. Diese mit dem Namen Christian Rosenkreuz verbundene Spiritualität gilt es zu erwecken. Zu eben diesem Zweck tritt der (imaginäre) Orden der Rosenkreuzer an die Öffentlichkeit.

Luthers Wappen

Die «Fama» ist somit das erste ihrer Manifeste, zugleich eine Einladung an die Geistesverwandten in allen Regionen Europas, die Ziele dieser aus der Verborgenheit heraustretenden Bruderschaft zu prüfen, ihr zu antworten, gegebenenfalls sich ihr anzuschließen. Ihre Arbeit, das «Ergon» oder Werk ist nicht die Pseudo-Alchymie «gottloser und verfluchter Goldmacher». Zur Alchymie und Theosophie im Sinne des Paracelsus bekennen sich die Rosenkreuz-Brüder gleichwohl. Aber mit ihrem Ordensstifter sagen sie:

«Was soll das Gold, denn welchem die ganze Natur offen steht, der freut sich nicht, daß er Gold machen kann, . . . sondern daß er den Himmel offen sieht und die Engel Gottes auf- und herniedersteigen, und daß sein Name eingeschrieben steht im Buch des Lebens.»

Ein Jahr später (1615) reicht die sogenannte Bruderschaft des Rosenkreuzes ihr zweites Manifest nach, betitelt «Confessio Fraternitatis». Was in der Fama in ersten Umrissen an den Tag tritt, das wird nun in mancher Hinsicht als eine Art «Bekenntnis» ergänzt. Die mythische Redensweise ist beibehalten. Der Schleier des Geheimnisses liegt weiterhin über den bilderreichen Texten. Und als im Jahr darauf (1616) der anonyme Autor sein drittes Buch, diesmal ausführlicher, eher noch geheimnisvoller, im Druck erscheinen läßt, da rückt er den Ordensgründer gleich in den Titel: «Chymische Hochzeit Christiani Rosencreutz. Anno 1459». Die Faszination, die von diesen beiden Manifesten und von dem alchymistisch-hermetisch getönten, barock-weitschweifig sich gebenden Einweihungsroman der «Chymischen Hochzeit» ausgeht, ist erstaunlich groß, auf Jahrhunderte hinaus, wenngleich mit Unterbrechungen und in vielfältigen Abwandlungen. Reformation im Zeichen von Kreuz und Rose ist offensichtlich die geheime Sehnsucht Ungezählter. Vieles spricht dafür, daß eine, wie auch immer geartete Rosenkreuzer-Gemeinschaft ebenso den Erwartungen entspricht wie «Bruder Christian Rosenkreuz» das Urbild eines spirituellen Meisters darstellt. Und in der Tat, Christian Rosenkreuz, dessen Geburtsjahr die Confessio mit der Jahreszahl 1378 angibt, trägt archetypische Züge; gerade deshalb konnte er zu einer zentralen Figur neuzeitlicher Esoterik werden. Eine Gestalt, die die Ideale einer ganzen Epoche in sich vereint, die Vereinigung von Gottes- und Naturerkenntnis, eine christliche Spiritualität mit pansophischen Zügen.[*]

Eine historisch nachweisbare rosenkreuzerische Vereinigung hat es vor Erscheinen der Manifeste ebensowenig gegeben wie eine dokumentarisch belegbare Persönlichkeit namens Christian Rosenkreuz. Gleichwohl haben die Brüder des Rosenkreuzes große geschichtliche Vorbilder, denkt man beispielsweise an die Gottesfreunde-Bewegung in den Mystikerkreisen des hohen Mittelalters, an die Bruderschaften der Bauhütten, an den Templerorden, an die Brüder vom gemeinsamen Leben, die sich ihrerseits von den der Häresie verdächtigten Brüdern und Schwestern des freien Geistes abzuheben versuchten. Ist die Bruderschaft des Rosenkreuzes bzw. der Rosenkreuzer eine bloße Fiktion, ein «Märlein»? Hier stellt sich die Frage nach Herkunft und Autorschaft der drei esoterischen Texte.

---

[*] Vgl. Gerhard Wehr, Christian Rosenkreuz. Urbild und Inspiration neuzeitlicher Esoterik. Freiburg 1980.

Mag es auch der Forschung schwerfallen, einen Rosenkreuzer-Orden zu ermitteln, wie er in Fama und Confessio Fraternitatis als existent vorausgesetzt wird, so steht doch die starke Neigung zu derartigen Verbindungen in dieser Umbruchszeit außer Frage. Der esoterische, auf Geheimhaltung ausgerichtete Charakter derartiger Zirkel liegt ebenfalls nahe, gilt es doch, das Erkenntnisstreben dem Häresieverdacht gegenüber der lutherischen Orthodoxie und der landesherrlichen Zensur abzuschirmen. Zur traditionellen Alchymie und Astrologie ist als weiteres spekulatives Forschungsgebiet die Kabbala hinzugetreten. Seit der Renaissance sucht man diese Form der jüdischen Mystik mit dem Christentum zu versöhnen, durch den Filter «christliche Kabbala». Auch innerhalb der älteren protestantischen Mystik hat sich bereits eine eigentümliche Verschmelzung jüdisch-kabbalistischer und christlich-mystischer Traditionen vollzogen[*], so vor allem bei Jakob Böhme, auch wenn er sich in seinen Schriften nicht ausdrücklich auf die jüdische Mystik beruft. Damit sind die Gebiete beisammen, aus denen die nach umfassender Reform Strebenden um 1600 die Fermente entnehmen, um sie mit lutherischem und paracelsischem Geist, vor allem aber mit Einsichten der neueren Naturwissenschaft zu einer Ganzheitsschau pansophisch zu vereinigen.

Die Suche nach den Urhebern der anonymen Rosenkreuzer-Schriften führt nach Tübingen. Hier, am Sitz der alten Universität Württembergs, existiert ein

---

[*] Vgl. Ernst Benz, Die Christliche Kabbala. Ein Stiefkind der Theologie. Zürich 1958, S. 8 (Albae Vigiliae N. F. XVIII).

Freundeskreis, der sich den Fragen der Zeit annimmt, allen voran der Jurist Christoph Besold, die Mediziner Tobias Heß und Wilhelm Bidembach, dann neben einer Reihe anderer der junge Theologe Johann Valentin Andreae, offensichtlich die Seele dieses Gelehrtenzirkels. Er ist der Enkel jenes Jakob Andreae, der sich einst als Kanzler der Universität um die – allerdings nur zeitweilige – Aussöhnung der zerstrittenen Religionsparteien verdient gemacht hat. Wenn es auch in der Natur der Sache liegt, daß sich ein solcher Kreis von Gleichgesinnten gegenseitig geistig anregt und bestätigt, so kommt doch kein anderer als J. V. Andreae als Autor der rosenkreuzerischen Manifeste und der «Chymischen Hochzeit» in Betracht. Daß die Andreae-Familie ein Andreas-Kreuz mit vier Rosen im Wappen führt, unterstreicht den geradezu existentiel-

Wappen des Johann Valentin Andreae

len Bezug, den der Autor zur Leitfigur seiner esoterischen Schriften hat. Hier wird offenbar Andreaes eigene Sache verhandelt, jedoch so, daß eine ganze Epoche, zumindest die spirituell Suchenden, zutiefst angesprochen sind.

In seinem Lebensrückblick schreibt Andreae: «Mich hat immer ein unbegreiflicher Geist getrieben, mehr leisten und wissen zu wollen als mir gut war, und überdies hat mir die Enge der häuslichen Verhältnisse, aus denen ich kam, früh Schwereres aufgeladen als meine Schultern tragen konnten, und das ist mir mein Leben lang eine Last gewesen.»[*]

Johann Valentin Andreae wird am 17. August 1586 im württembergischen Landstädtchen Herrenberg geboren. Er ist das fünfte von sieben Kindern. Vater Johann Andreae ist zu dieser Zeit lutherischer Pfarrer in Herrenberg. Frühzeitig nimmt er sich der schulischen Ausbildung seines Sohnes Johann Valentin an, indem er ihn selbst unterrichtet. Ihm, dem bereits im Jahre 1601 Verstorbenen, sagt man nach, er habe sein Vermögen mit allerlei «Alchymisterei» vertan. Nach dem Tod Johann Andreaes, der zuletzt Abt in Königsbronn war, zieht die Witwe mit dem erst fünfjährigen Johann Valentin nach Tübingen. Dort beginnt der ebenso scharfsinnige wie phantasiebegabte, an allen Wissenschaften interessierte junge Mann sofort mit dem Universitätsstudium. Nichts, was die profane und geistliche Bildung zu bieten hat, läßt der lesehungrige Student aus. Von einem auf eine einzige Disziplin gerich-

[*] Zur Biographie vgl. Johann Valentin Andreae, Ein schwäbischer Pfarrer im Dreißigjährigen Krieg, bearbeitet von Paul Anthony. Heidenheim 1970. – Richard Dülmen, Die Utopie einer christlichen Gesellschaft, Teil I. Stuttgart 1978.

teten Fachstudium, etwa der nahezu obligatorischen Theologie, kann bei dem blutjungen Pastorensohn noch nicht die Rede sein.

Mit dem Feuereifer eines Frühreifen macht er sich über alle ihm gerade zugänglichen Wissenschaften her. Zu den klassischen Sprachen des zukünftigen Theologen, d. h. zu Latein, Griechisch und Hebräisch, treten das Syrisch-Aramäische, sodann die neuen Sprachen Italienisch, Spanisch und auch Englisch. So lernt er Dichtung und Literatur der Renaissance in der Originalsprache kennen, erwirbt musische, physikalisch-mechanische und sogenannte «chymische» Fähigkeiten. Es ist die Zeit, in der das auf die Pflege der alten Sprachen konzentrierte humanistische Bildungsideal eines Erasmus oder eines Melanchthon durch ein neues abgelöst wird: Scientia, naturwissenschaftliche Tatbestände und die Methodik zu ihrer weiteren Erforschung. J. V. Andreae nimmt auf seine Weise an diesem Prozeß teil. Das bedeutet zugleich eine Absage an die mittelalterliche Scholastik.

Zum anderen umgibt den Jungen die Welt des Theaters. Die englischen Schauspieler, die in jenen Jahren nach Deutschland reisen, begeistern ihn mit ihren Aufführungen. Spielerisch tun sich ihm neue Horizonte auf; Träume, Utopien lassen sich in dramatische Handlungen umsetzen.

Mathematik und Geographie interessieren den angehenden Gelehrten nicht weniger als Philosophie und Theologie. Noch ist die Zeit, in der ein Einzelner das Wissen einer ganzen Epoche in sich zu vereinigen vermag. Indem der junge Andreae diese Tendenz der Zeit – eine als Einheit erfaßbare Wissenschaft – in sich vollzieht, kommt er zu einem «Studium Universale». Als Vertreter christlich tingierter Theosophie ist Andreae schon von seiner Interessenlage «Pansoph», d. h. einer, der die Fülle des Wißbaren und der Weisheit in sich aufzunehmen sucht. Gotteserkenntnis (Theosophie) ist ohne Naturerkenntnis (Kosmosophie) und Kunstsinn nicht zu verwirklichen.

Es ist ein geradezu faustischer Zug, der diesen Immer-Strebenden beseelt. Sein Freund, der knapp sechs Jahre jüngere Böhme Amos Comenius, der als Bischof der böhmischen Brüdergemeinde bekannte Humanist und Pädagoge, bringt dieses Streben auf einen gemeinsamen Nenner: «Drei Dinge sind es, die unser menschliches Wissen, ja geradezu ein gewisses Allwissen (Pansophie) ausmachen: die Erkenntnis Gottes, der Natur und der Kunst... Man möge nicht glauben, es genüge, etwas von Gott zu wissen, etwas von der Natur und etwas von der Kunst, was auch den Unwissendsten und ganz Dummen gelingt, sondern wir müssen alles, was erkennbar ist, ganz und genau erkennen.»[*] Eine stolze Forderung!

Seinem gleichaltrigen Freund Rudolf August von Braunschweig-Wolfenbüttel schreibt Andreae einmal von dem, was sein inneres Schicksal wesentlich mitbestimmte: «Mit achtzehn Jahren habe ich junge Menschen erziehen müssen, die wenig jünger waren als ich. Um sie zu unterrichten, habe ich erst lernen müssen, mich zu erziehen. Aber indes bin ich durch die Wissenschaft geschweift, ich habe Juristerei und Medizin getrieben...» – Man meint, Goethes «Faust» zu hören! – Andreae fährt fort: «Ich habe mein Schifflein auf das hohe Meer der Geschichte gelenkt und sechs oder sieben Sprachen mir angeeignet. Wieviele Biblio-

[*] Amos Comenius, zit. bei Renate Riemeck, Der andere Comenius. Frankfurt/Main 1970, S. 58.

theken habe ich durchforscht!. . . Nichts, was profane und geistliche Bildung bot, habe ich ungekostet gelassen und dazu mir auch Kenntnisse in der Musik und in den mechanischen Künsten erworben. Dann, nach neun Jahren dieser Erziehertätigkeit, bin ich sechs Jahre Diakon (d. h. zweiter Pfarrer) in Vaihingen an der Enz gewesen und habe dabei noch Zeit gefunden, die meisten meiner Schriften zu veröffentlichen. Dann bin ich zum bischöflichen Amt gekommen und habe neunzehn Jahre hindurch gearbeitet, den Stoff, der sich mir bot, in eine gute Form zu bringen. Als das Unglück des Vaterlandes (der Dreißigjährige Krieg) mein Werk zerstörte, habe ich es nochmals angefangen. Und jetzt, da mich der Hof und die Regierung neun Jahre lang mit all den undankbaren Sorgen und den nichtsfördernden Geschäften festgehalten, habe ich meine vierzig Kämpferjahre hinter mir.»

Kämpferjahre sind es zweifellos, die sein bewegtes Leben ausgefüllt haben. Das zeigt auch seine autobiographische «Vita», die bis zum Jahr 1653 reicht. Am 27. Juni 1654 ist Johann Valentin Andreae als evangelischer Abt in Adelberg bei Göppingen/Württemberg gestorben.

Eines kann man diesem Vielerfahrenen, rastlos Tätigen und Leidgeprüften nicht nachsagen, daß er lediglich pansophisch-paracelsisch-utopischen Vorstellungen nachgejagt sei, ohne sich viel um die Realitäten zu kümmern. Im Gegenteil: Was in den rosenkreuzerischen Manifesten in kühnem Ideenflug als eine Art Neue-Welt-Gesellschaft entworfen wurde, das hatte die Feuerprobe des großen Krieges zu bestehen, zu der Zeit, als die älteren Freunde im Tübinger Gelehrtenkreis längst gestorben waren!

Diese Feuerprobe wurde in einem sehr wörtlichen

Sinne bestanden, als nämlich 1634 an die 450 Häuser, ein Großteil des Städtchens Calw, in Flammen aufgingen und als kurz darauf beinahe 800 Calwer Bürger durch die Pest umkamen. Pfarrer J. V. Andreae beschränkte sich in dieser Zeit nicht allein auf Predigt und seelsorgerischen Zuspruch. Seiner Initiative war es zu verdanken, daß die Obdachlosen, die Hungernden, die zahllosen Kranken nach und nach Hilfe bekamen. Andreae verstand es, Nachbarschaftshilfe zu organisieren und Unterstützung von außerhalb zu vermitteln. Eine über viele Jahre sich erstreckende Aufbauarbeit nahm seine Kräfte voll in Anspruch. Als ihn aus Nürnberg der ehrenvolle Ruf erreichte, Oberpfarrer an der dortigen Sebalduskirche zu werden, da verzichtete Andreae, weil ihn das neu zu ordnende Gemeinwesen in seiner Heimat dringend brauchte. Mit einem Wort: Der Jugendtraum des bruderschaftlich gesinnten Pansophen und Rosenkreuzers sollte in einer sehr engagierten, konsequent und selbstlos betriebenen Sozialarbeit aufgehen. In diesem Kontext sind die rosenkreuzerischen Manifeste und der Mysterienroman der «Chymischen Hochzeit Christiani Rosencreutz» zu verstehen.

Von der Bruderschaft der Rosenkreuzer zur Christianopolis

Die Veröffentlichung und rasche Verbreitung der drei rosenkreuzerischen Schriften brachte alles andere als eine «Erleuchtung im Zeichen des Rosenkreuzes» (Frances A. Yates). Der Autor, der sich von Anfang an wohlweislich hinter seiner Anonymität versteckt hielt, mußte sehen, daß sich spekulative Geister, Illusionisten und erklärte Gegner seiner Sache annahmen. Wohl wirkte das Doppelsymbol von Kreuz und Rose in Verbindung mit der Manifestation des Ordens wie ein Fanal, eine wahre Rosenkreuzer-Epidemie brach aus. Aber nur die wenigsten waren offensichtlich in der Lage, sich von dem zugrunde liegenden Impuls anstoßen zu lassen. So blieb Andreae nichts anderes übrig, als sich sehr bald von seinen literarischen Produktionen zu distanzieren, sie als «jugendliche Kühnheit», als «eine Posse voll abenteuerlicher Auftritte», ja als Spielerei (Ludibrium) abzutun. Und doch sind Satire, Scherz und Spiel für Andreae stets auch eine Möglichkeit, an bestehenden Verhältnissen Kritik zu üben, Mißstände bewußt zu machen und die kreative Phantasie im Blick auf Reformen anzuregen. In seiner Schrift «Mythologiae» (1619) heißt es hierzu:

«Ich habe gleichsam durch ein Spiel und Kurzweil den sinnreichen und lernbegierigen Leser mit Lust zu göttlichen Sachen anführen und lehren wollen, wie und welcher Gott das wahre und höchste Gut sich in allen menschlichen Dingen scheinbarlich betasten, greifen und genießen lasse.»

Demnach wäre in der «Chymischen Hochzeit» ein siebenstufiger Erkenntnisweg zu sehen, zumindest eine Anregung, einen solchen inneren Weg der spirituellen Entwicklung zu suchen. Vor allem eines liegt dem Autor am Herzen, und zwar schon, um seine eigene argwöhnisch betrachtete Rechtgläubigkeit vor dem Kirchenregiment zu bewahren, nämlich die Sache des Christentums. Und als er – ebenfalls 1619 – seinen «Turris Babel» (Turm zu Babel) abfaßt, um sich in aller Form von einer chaotisch gewordenen «Rosenkreuzerei» loszusagen, schreibt er im Schlußkapitel:

«Wohlan, ihr Sterblichen, ihr dürft auf keine Bru-

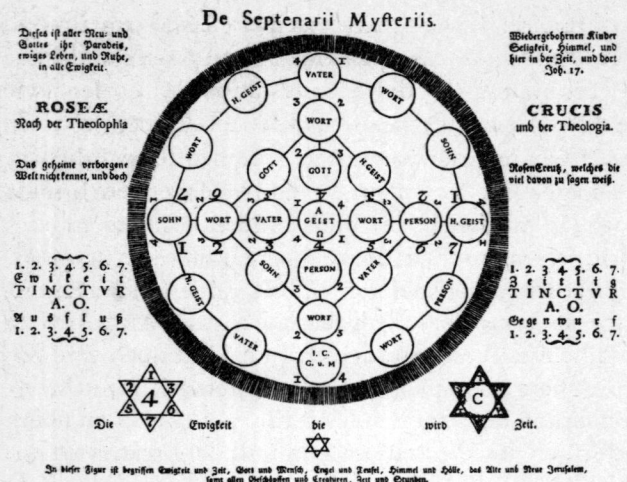

Die Weltformel «Sieben»

derschaft mehr warten. Die Komödie ist aus. Die
Fama hat sie aufgeführt und auch wieder abgeführt.
Die Fama sagt Ja; jetzt sagt sie Nein!» Und weiter:
«Wie ich die Gesellschaft der Bruderschaft zwar fahren
lasse, so doch niemals die wahre christliche Bruderschaft, welche unter dem Kreuz nach Rosen duftet.»[*]

Obwohl sich Andreae in den Jahren nach der Veröffentlichung der «Chymischen Hochzeit» mehr und
mehr von seinen rosenkreuzerischen Schriften entfernt, so geschieht das letztlich nur in formaler und in

---

[*] Über die Zusammenhänge vgl. Hans Schick, Das ältere Rosenkreuzertum. Berlin 1942, jetzt: Die geheime Geschichte der Rosenkreuzer. Schwarzenburg 1980, S. 121.

terminologischer Hinsicht. Die Sache selbst, nämlich den Plan einer christlichen Gemeinschaft («Societas Christiana»), hält er fest. Wohl zwingt ihn das Mißverständnis der Pseudo-Rosenkreuzer, aber auch der Häresieverdacht, von seinen mythischen und mysterienhaften Dichtungen Abstand zu nehmen. Aber weiterhin liegt ihm eine neue Gesellschaft der Christen, ja eine christliche Verbrüderung, am Herzen, «welche unter dem Kreuz nach Rosen duftet». In den Blick faßt der junge Pfarrer Andreae eine christliche Gesellschaft, einen christlichen Musterstaat, analog den großen Staatsutopien – Thomas Morus' «Utopia» (1516), Francis Bacons «Nova Atlantis» oder Tommaso Campanellas «Civitas Solis» (Sonnenstaat), das in Manuskriptform schon 1612 in Deutschland bekannt wurde und dem umsichtigen Büchersammler Andreae in die Hände gefallen ist.

Bemerkenswert, daß er als erster Lutheraner eine selbständige Sozialutopie entworfen hat, in der Gestalt von «Christianopolis», der Christenstadt – im Jahre 1619 in Straßburg bei demselben Lazarus Zetzner verlegt, der schon bei der «Chymischen Hochzeit» Pate gestanden hat.

Christianopolis: Eine knappe Rahmenerzählung gibt die Vorgeschichte, schildert die sonderbare Reise nach einem «Land der Ruhe» und zur Insel Caphar Salama, auf der der «irrende Fremdling» das Gemeinwesen der Christen – eben «Christianopolis» – findet. In einhundert Kapiteln beschreibt Andreae Aufbau und Leben dieses vom Geist des Christentums geprägten Gemeinwesens. Es handelt sich bis in die äußere Struktur hinein um eine ideale Stadt. Um den Tempel, einem Rundbau, in der Mitte gruppieren sich die Gebäude und Straßen, so daß in der Draufsicht das

Grundmuster eines Mandala, d. h. einer Ganzheitsstruktur entsteht, wie es in der buddhistischen Esoterik bzw. Meditationspraxis und in der modernen Tiefenpsychologie C. G. Jungs von neuem Bedeutung erlangt hat. Andreae hat in intuitiver Weise etwas von dem erfaßt, was sowohl die individuelle wie die kollektive Reifung des Menschenwesens ausmacht. Alles, was Leib, Seele und Geist benötigen und was ein Leben auf allen Wirklichkeitsebenen ermöglicht, sollte in dieser Christianopolis seinen Platz finden. Daß neben den exoterischen Disziplinen die esoterischen bzw. die spirituellen Disziplinen nicht fehlen dürfen, also Theosophie und Kabbala, die mystische neben der praktischen Alchymie, versteht sich von selbst. So gesehen will das Buch weniger eine Praxisanleitung als eine Meditationsanregung sein, ein Instrument, um die volle Menschwerdung des Menschen als Gemeinschaftswesen (Zoon politikón) im Geiste Christi in die Wege zu leiten. Das pädagogische, auf Menschenführung hin zielende Element, das schon in den Rosenkreuzer-Schriften sichtbar wird und das sich später in der Schrift «Theophilus» (abgefaßt 1622, veröffentlicht 1649) ausdrückt, hat den Seelsorger und pädagogischen Praktiker nicht mehr losgelassen. Kennzeichnend für Andreae ist, daß es nicht ein äußerer Dienstauftrag und nicht die äußere Not in den Wirren des Dreißigjährigen Krieges ist, was ihn an der utopischen Schau zur sozialen Praxis führt. Genau besehen läßt sich der Zug zur Konkretisierung von den rosenkreuzerischen Texten über Christianopolis bis zum Tätigwerden aus christlichem Geist verfolgen. All das hebt den württembergischen Kirchenmann aus der Provinzialität und aus dem Konfessionalismus heraus. Es unterstreicht das Säkulare dieser Gestalt.

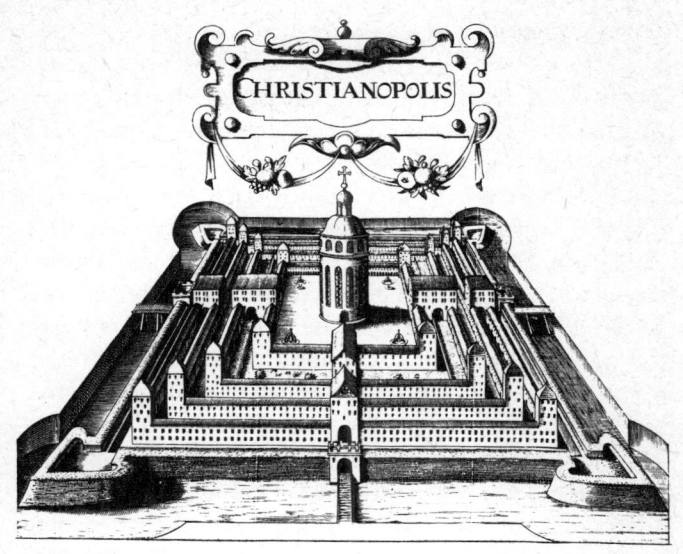

Das «Utopia» des Johann Valentin Andreae (1621)

Will-Erich Peuckert hat sicher richtig beobachtet, wenn er das esoterische Ferment, das sich auch in Andreaes Christianopolis zeigt, eigens hervorhebt:

«Wer die Beschreibung der innersten Stadt mit Bibliothek und Schule, die Aufzählung der Lehrfächer liest, wird... die Drei-Klassen-Einteilung als eine Einleitung in die esoterischen Wissenschaften begreifen. In der Oberklasse werden u. a. Theosophie, Kabbala, Vokalmusik, christliche Himmelskunde, Asketik und prophetische Theologie gelehrt... Damit ist also wieder erklärt, daß die höchste Stufe in der christlichen Gemeinschaft, die höchste Erkenntnis, durch die esoterischen Wissenschaften gegeben ist.»*

---

* Will-Erich Peuckert, Die Rosenkreutzer. Jena 1928, S. 181f.

Idee und Manifestationen des Rosenkreuzertums haben eine überaus wechselvolle Geschichte gehabt, eine Geschichte, deren Ende noch nicht abzusehen ist. Schon deshalb ist es gerechtfetigt, sich ihrer Anfänge in den Schriften Andreaes zu vergewissern. Mit Richard von Dülmen kann man drei Gruppen unterscheiden: Zum einen die Rosenkreuzer-Enthusiasten, die die mystische Redeweise der Manifeste wortwörtlich nahmen, also das Ideenbild mit der konkreten Wirklichkeit verwechselten. Trotz gründlicher historischer Forschung begegnet man immer noch Verfechtern eines Rosenkreuzertums, das die archetypische Gestalt jenes Christian Rosenkreuz als eine historische Persönlichkeit mißversteht. Entsprechend suchen sich diverse Rosenkreuzerbünde mit dem angeblich hohen Alter des Ordens, der bis in die antike Mysterienwelt zurückreichen soll, zu legitimieren.

Neben solchen fundamentalistischen Enthusiasten, die gar nicht merken, daß sie ihre Sache durch derartige Objektivierungsversuche in Mißkredit bringen, stehen maßvolle Verteidiger, d. h. Menschen, die die spirituelle Berechtigung dessen anerkennen, was in der imaginativen, von Symbolen und Gleichnissen durchzogenen Sprache veranschaulicht ist. Ob man dergleichen als Rosenkreuzertum bezeichnet oder nicht, ob man dem Berichteten historische Faktizität zuerkennen kann oder nicht, ist ihnen nicht das Entscheidende. Ein Archetypus, ein echtes Symbol wirkt durch seine Präsenz. Die äußere Datierbarkeit ist von zweitrangiger Bedeutung.

An dritter Stelle rangieren schließlich die erklärten Gegner des Rosenkreuzertums, die in ihm Ausgeburten einer fehlgeleiteten Phantasie erblicken und die Rosenkreuzer insgesamt als «Erznarren» ansehen. Je nach Rang und Einfluß der Gegner wird die Schutzbedürftigkeit der Diffamierten im Zeitalter des Absolutismus dringlich. Schon von daher ist Andreae bemüht, seine eigene Rechtgläubigkeit auf Schritt und Tritt zu beteuern. Seine Christianopolis-Schrift widmet er daher einem vielgelesenen Theologen seiner Zeit: Johann Arndt, dem Verfasser der berühmten «Vier Bücher vom wahren Christentum», die innerhalb weniger Jahre eine weite Verbreitung gefunden hatte – mit ihr die Hochschätzung der Mystik im orthodoxen Luthertum, zugleich als Vorbereitung des Pietismus. W. E. Peuckert nannte Arndt einen «halben Rosenkreuzer». Wer als ein ganzer bzw. ein echter Rosenkreuzer anzusprechen sei, bleibt – je nach Standort – naturgemäß umstritten, zumal der Dreißigjährige Krieg die Bildung einer rosenkreuzerischen Vereinigung unmöglich machte. Aber zahlreiche Einzelne, rosenkreuzerische Sympathisanten, lassen eine Annäherung an die Idee Andreaes erkennen, angefangen bei Johann Amos Comenius und Michael Maier, dem Leibarzt Rudolf II., dann bei Daniel Mögling aus Konstanz, der sich auch Theophilus Schweighart (d. i. schweigsamer Gottesfreund!) nennt. Selbst René Descartes bekundet zeitweise ein gewisses Interesse an der Rosenkreuzeridee. In England gelten u. a. Robert Fludd (1574–1637) und Elias Ashmole (1617–1692) als Protagonisten eines Rosenkreuzers. Aber alle diese an sich honorigen Vertreter eines weltoffenen und doch den Mysterien des Christentums zugetanen Rosenkreuzer, Ärzte, Theologen, Naturforscher können nicht verhindern, daß die Bezeichnung «Rosenkreuzer» in Mißkredit gerät.

Nach einer Zeit der Vernachlässigung der Ideen Andreaes erlebt die Rosenkreuzerei im 18. Jahrhundert einen neuen Aufschwung, nämlich in Gestalt des Ordens der «Gold- und Rosenkreuzer». Der aus dem Schlesischen stammende evangelische Theologe Samuel Richter mit dem Pseudonym Sincerus Renatus (d. i. aufrichtig bzw. wahrhaft Wiedergeborener) tritt 1710 mit seinem Buch «Die wahrhafte und vollkommene Bereitung des philosophischen Steins der Bruderschaft aus dem Orden des Gülden- und Rosenkreuzes. . .» an die Öffentlichkeit. Damit ist zum ersten Mal das Symbol der Rose mit dem des Goldes in Zusammenhang gebracht. Zwar beruft sich Sincerus Renatus auf die klassischen Rosenkreuzer-Texte des 17. Jahrhunderts, doch ist eine innere Kontinuität zwischen dem Orden des 18. Jahrhunderts und der vermeintlichen Bruderschaft Andreaes nicht zu belegen.[*]

In der zweiten Hälfte des 18. Jahrhunderts, in der die Vereinigung der Gold- und Rosenkreuzer Gestalt gewinnt, ist es vor allem der junge Goethe, der im Frankfurter Kreis der Susanne von Klettenberg in Wort und Schrift mit dieser Mischform einer rosenkreuzerisch tingierten Mystik und Hermetik bekannt wird. Er vermag nun seine «Privatreligion» zu entwerfen. Dem achten Kapitel im zweiten Teil seiner «Dichtung und Wahrheit» ist zu entnehmen, welches Interesse u. a. das «Opus Mago-Cabbalisticum et Theosophicum» (1735) des Georg von Welling auf die

[*] Karl R. H. Frick, Die Erleuchteten. Graz 1973, S. 303f. Horst Möller, Die Bruderschaft der Gold- und Rosenkreuzer, in: Helmut Reinalter (Hrsg.), Freimaurer und Geheimbünde im 18. Jahrhundert in Mitteleuropa. Frankfurt 1983 (stw 403), S. 200ff.

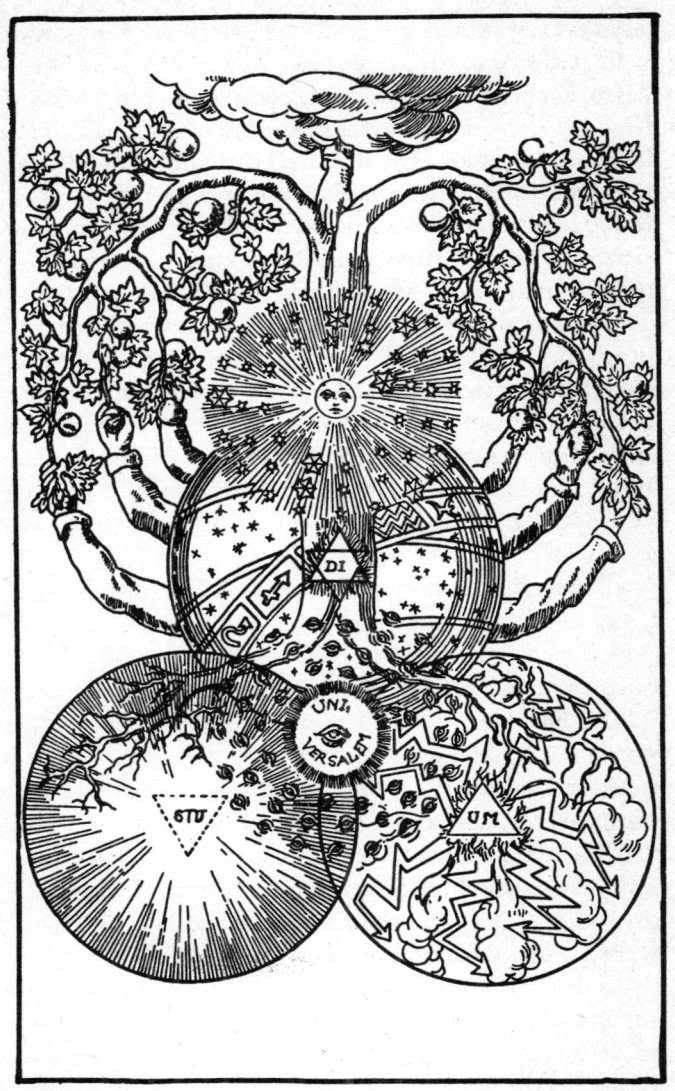

«*Der Baum der Erkenntnis. Gutes und Böses, mit den Früchten des Lebens und des Todes, der Liebe und des Zorns, des Lichtes und der Finsternis*»

Geistesverwandten ausgeübt haben muß. Einen Beweis dafür, daß die Berührung mit rosenkreuzerisch-hermetischem Gedankengut den Dichter nachhaltig beeindruckt hat, stellt das Gedichtfragment «Die Geheimnisse» (1784) dar, das der Fünfunddreißigjährige vor Antritt seiner Italienreise zu Papier bringt. Hier ist es die Idee edler Menschlichkeit und der Toleranz, die sich mit dem Symbol des Rosenkreuzes verbunden hat. Humanus, der Menschliche, heißt der geheimnisumwitterte dreizehnte des Bundes von zwölf Ordensbrüdern, bei denen der wandernde Bruder Markus nach langer Pilgerschaft Herberge findet. Hier begegnet er einer Gemeinschaft von Männern, die sich die Erfüllung hoher Menschheitsaufgaben gesetzt haben. Wohl ist Markus das Kreuz der christlichen Tradition vertraut,

> «Doch von ganz neuem Sinn wird er durchdrungen,
> Wie sich das Bild ihm hier vor Augen stellt;
> Es steht das Kreuz mit Rosen dicht umschlungen.
> Wer hat dem Kreuze Rosen zugesellt?»

Es ist das Leben, das dem Tode abgerungen worden ist, ja das wie eine einzigartige Transformation des Sterblichen anmutet, und zwar in Übereinstimmung mit dem Rosenkreuzerspruch der «Fama Fraternitatis»: «. . . In Jesus sterben wir / Durch den Hl. Geist werden wir wiedergeboren.»

Zu den ältesten heute noch existierenden rosenkreuzerischen Vereinigungen gehört die englische «Societas Rosicrusiana in Anglia», 1865 von R. Wentworth Little gegründet. Sie steht ihrerseits in Kontakt mit freimaurerischen bzw. freimaurerisch sich nennenden

Verbrüderungen. Zu den bekanntesten in der Gegenwart tätigen Rosenkreuzerbünden gehören der Antiquus Mysticus Ordo Rosae Crucis (AMORC = alter mystischer Orden vom Rosenkreuz), um 1916 durch Spencer Lewis in New York gegründet; die auf Max Heindel (d. i. Carl Louis Heindl) zurückgehende Rosenkreuzerbewegung sowie (seit 1925) das Lectorium Rosicrucianum des Jan van Rijckenborgh (d. i. Leene). Seine Schriften sind auch heute noch verbreitet, sie werden von Rozekruis-Pers, Haarlem, verlegt (u. a. »Die Geheimnisse der Rosenkreuz-Bruderschaft« in vier Teilen). Dem Rosenkreuzertum bzw. Christian Rosenkreuz als einer Geistgestalt und dem «rosenkreuzerischen Christentum» hat auch Rudolf Steiner starke Beachtung geschenkt, wie aus zahlreichen seiner Vorträge hervorgeht – ohne die von ihm inauguierte «anthroposophisch orientierte Geisteswissenschaft» als bloße Fortführung des Rosenkreuzergedankens von J. V. Andreae anzusehen. Und doch fehlt es nicht an inneren Korrespondenzen, wenn Andreae den Schritt von den Imaginationen seiner Mysterienschriften zur sozialen Praxis, von der Esoterik zur exoterischen Verwirklichung konsequent vollzogen hat. Das trifft für Anthroposophie als «Wirklichkeitserkenntnis» in ihrer Erprobung auf vielen Lebensgebieten zu, gemäß einer frühen Äußerung Steiners: «Rosenkreuzerweisheit muß nicht nur in den Kopf gehen, auch nicht bloß in das Herz, sondern in die Hand, in unsere manuellen Fähigkeiten, in das, was der Mensch täglich tut. Es ist kein sentimentales Mitfühlen, es ist ein Sich-Erarbeiten der Fähigkeiten, innerhalb des allgemeinen Menschheitsdienstes zu wirken.»[*]

[*] Rudolf Steiners Vortrag am 22. Mai 1907, in: Die Theosophie des Rosenkreuzers. Dornach 1979, S. 17.

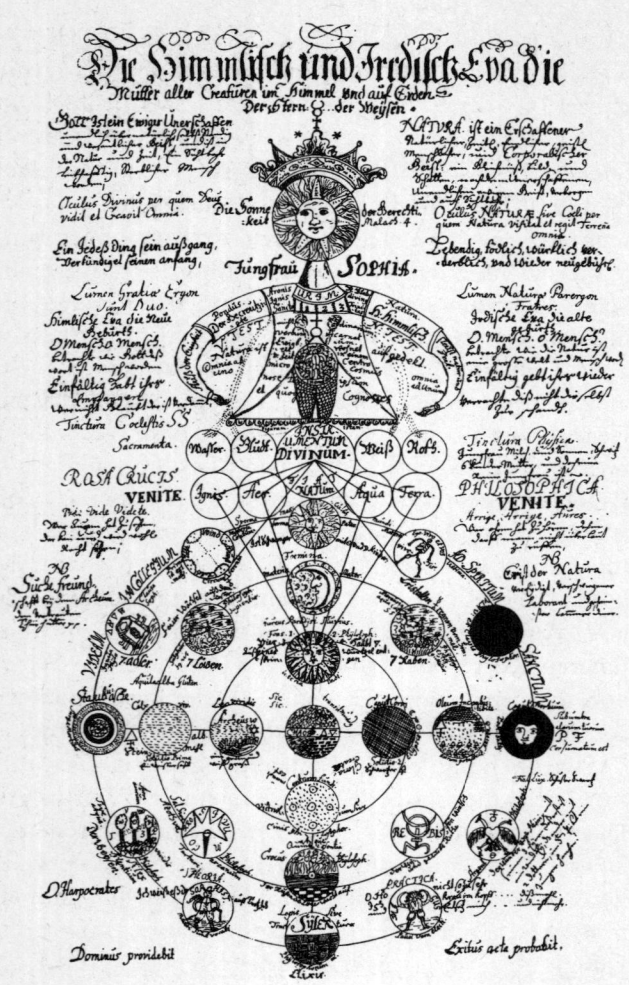

Die Jungfrau Sophia der Rosenkreuzer und Pansophen – nach der Handschrift

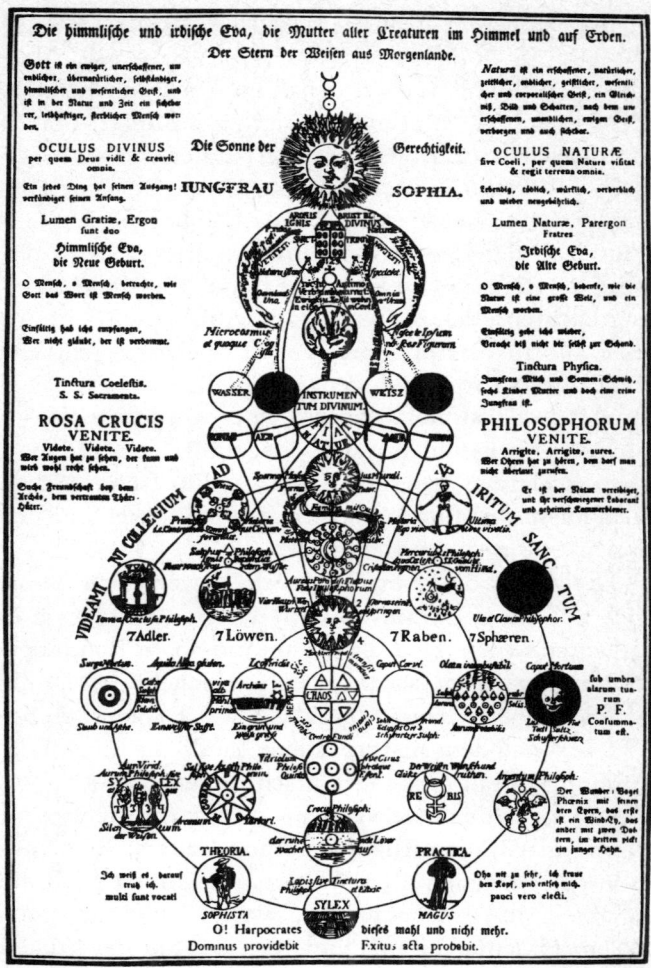

Das gleiche Motiv in allen figürlichen und textlichen Details – im Druckbild

Das Manifest der «Bruderschaft des hochlöblichen Ordens des R. C. (Rosenkreuz) an die Häupter, Stände und Gelehrten Europae» wurde 1614 erstmals in Kassel bei Wilhelm Wessel gedruckt. Dieser Erstdruck befindet sich in der Herzog-August-Bibliothek Wolfenbüttel. In der Originalschreibweise liegt er der Textausgabe Richard von Dülmens (1973) zugrunde, in einer leichter lesbaren Fassung diesem Buch. Nicht nur eine Normalisierung der Texte, auch gelegentliche Eingriffe bei sonst schwer verständlichen Textstellen erwiesen sich als notwendig. Beides wurde mit einiger Behutsamkeit und Sorgfalt ausgeführt – immer mit dem Ziel, den heutigen Leser an die frühbarocken Zeugnisse christlicher Esoterik heranzuführen und den Lesegenuß nicht zu schmälern.

Der Autor dieser ersten Rosenkreuzerschrift beruft sich auf die geheimnisumwitterte «Fraternität», ja er gestaltet seinen Text als die unmittelbare Manifestation dieser Bruderschaft, wenn er anhebt: «Wir, die Brüder der Fraternität des R. C. . . .» Dabei ist zu bemerken, daß dem Erstdruck eine handschriftliche Verbreitung vorausging. Das macht bereits der Kontext deutlich, in dem die «Fama» steht, nämlich in dem anonymen Buch «Allgemeine und General-Reformation der ganzen weiten Welt» . . .». Ihm ist auch die schon 1612 gedruckte «Antwort» eines gewissen Adam Haselmayer angefügt, der sich auf die frühere handschriftliche Veröffentlichung der «Fama» bezieht und deshalb «von den Jesuiten gefänglich eingezogen und auf eine Galeere geschmiedet» worden sein soll.

Die «Fama» berichtet aus dem Leben des jungen Rosenkreuz, der als Unmündiger in den Orient gelangt, wo er die Weisheit arabischer Gelehrter kennenlernt und mit umfassender Bildung über Nordafrika und Spanien als einer heimkehrt, der östliche und westliche Weisheit miteinander zu verbinden weiß. Zusammen mit drei Mitbrüdern begründet er die neue Bruderschaft. Die ersten Mitglieder verfassen das «Buch der Welt(erkenntnis)», das vor ihnen kein Geringerer als Paracelsus zu lesen vermochte. Damit ist keine Literatur gemeint, sondern eine Geistesart, die es erlaubt, das Licht der Natur zu schauen, in allen Kreaturen die geheimnisvollen Signaturen des Weltgeistes (Spiritus mundi) zu entschlüsseln. Die Grundlagen des Ordens sind selbst von universaler Beschaffenheit, denn sie erstrecken sich vom göttlichen Fiat bis zum Pereat, das heißt vom Prinzip der Schöpfung bis hin zu dem der Weltvollendung.

Der Bruderkreis, der inzwischen auf acht Mitglieder angewachsen ist, beschließt nach einer mehr esoterischen eine exoterische, nach außen gewandte Wirksamkeit zu entfalten. Die «heimliche und offenbare Philosophie» gilt es mit praktischer Hilfeleistung zu verbinden. Zu den Aufgaben, zu deren Erfüllung sich die in die Welt ziehenden Brüder verpflichten, gehört die selbstlose Krankenpflege. Doch alle Arbeit hat im Verborgenen zu geschehen. Unerkannt und durch keine Ordenstracht gekennzeichnet, wollen die Rosenkreuzer ihren Dienst tun. Und 120 Jahre wird die Bruderschaft als solche im Untergrund bleiben. Der Schleier des Geheimnisses ist über die Schicksale ihrer Mitglieder gebreitet. Nicht mehr als die Namen des Begründerkreises will der Berichterstatter kennen. Jetzt aber, zum Zeitpunkt der Veröffentlichung der Fama, treten die Hüter des Mysteriums an die Öffentlichkeit. Durch einen glücklichen Zufall wird die

Grabstätte von Christian Rosenkreuz gefunden. Und eben dieses Auffinden ist Ausdruck der nunmehr gebotenen Mysterienveröffentlichung.

Die Türe zum Grab deutet hin auf den Zugang zum Mysterium, das sich in lichtvoller Weise für ganz Europa öffnen möge: «Jesus mihi omnia – Jesus ist mir alles», dieses Wort unterstreicht den universalen Charakter des Christentums überhaupt, wobei «Jesus» nicht etwa den historischen Jesus von Nazareth allein meint, sondern den Christusgeist selbst, in dem die Fülle der Gottheit wohnt. Erkenntnis und Frömmigkeit finden zu einer ungeahnten Einheit. Der Kosmos ist «vom Himmel her zu verstehen». Deshalb ist die «fürwitzige, gottlose», das heißt eine rationalistisch-materialistische Welt(deutung), außerstande, das Mysterium in seiner Tiefe zu erfassen.

Keiner Zensur der Welt ist schließlich das geistige Testament des Ordensgründers unterworfen, dessen Leib «unversehrt und ohne alles Verwesen» von den Seinen angetroffen wird. Damit ist die Geistesgegenwart von Christian Rosenkreuz in augenfälliger Weise hervorgehoben. Er, dessen geistige Reife seiner Zeit weit vorausgeeilt war, soll nun «ausgegraben», das heißt erweckt und aktualisiert werden. Das berühmte Rosenkreuzermantra («Ex deo nascimur . . .») faßt das überkommene, stets neu sich anzueignende Testament im Blick auf eine dreigliedrige dynamische Menschenkunde zusammen: die Geburt aus Gott – das mystische Sterben mit Christus – die Wiedergeburt in der Kraft des Heiligen Geistes. Ein solches Programm verlangt jeweils eine angemessene «Antwort». Und wenn wir auch hören, daß innerhalb weniger Jahre und Jahrzehnte über zweihundert literarische «Antwort»-Schriften auf die «Fama» hin verfaßt worden sind, so wird die esoterische Seite dieser Antwort doch letztlich darin bestehen, daß der damit bezeichnete Weg der Wiedergeburt von jedem einzelnen beschritten wird.

Zur Confessio Fraternitatis

Während die «Fama» bereits von einer Publikation einer «Confessio» des Ordens spricht, erscheint diese erst ein Jahr später im Druck, nämlich 1615 in Frankfurt am Main. Geboten wird hier wiederum der normalisierte Text, und zwar unter Vergleich der Textausgabe Richard van Dülmens (Stuttgart 1973) und Neufassung von Winfried Zeller (Bremen 1962). Übernommen wird die dort eingerichtete, im Original noch nicht angewandte Kapitelzählung.

Eigentlich hat schon die Fama in mancher Hinsicht «Confessio» geübt, Farbe bekannt, indem sie den geistigen, religiösen und politischen Standort der Brüder des Christian Rosenkreuz markierte. Die «Confessio» knüpft nun an das dort Gesagte unmittelbar an. Eigens hervorgehoben ist der welt- und heilsgeschichtliche Augenblick, in dem sich die Rosenkreuzerschar anschickt, ihr Werk auszurichten. Von daher sind Anspielungen an die Offenbarung Johannes zu verstehen.

Wohl ist die Zeit angebrochen, in der die Mysterien entsiegelt werden sollen. Die Zeit des Christian Rosenkreuz – sein Geburtsjahr ist mit 1378, das Jahr der Chymischen Hochzeit mit 1459, sein Todesjahr mit 1484 angegeben – ist augenscheinlich die Zeit einer großen Bewußtseinswende. Der Mensch erwacht zur Autonomie. Die Reifung des Ich-Bewußtseins, die

Selbstwerdung manifestiert sich auf vielen Gebieten, wenngleich zunächst erst bei einem noch kleinen Kreis von Menschen. Der Schreiber der «Confessio» gibt sich daher über die «stupiden Naturen» vieler Zeitgenossen keiner Täuschung hin. Für die geistig Blinden, die spirituell Unreifen, in der Enge einer alten Bewußtseinsart Behafteten bleibt daher auch die Bruderschaft noch verborgen. Damit ist deutlich ausgesprochen, daß es mit einer äußeren Mitgliedschaft nicht getan ist – damals wie heute und immer. Bloße Mitgliedschaft ersetzt nie Wirklichkeit der Teilhabe am Mysterium; sie ersetzt nicht die je und je zu erringende Erfahrung.

Nah ist daher allein derjenige dem rosenkreuzerischen Geheimnis, der die Signaturen an Himmel und Erde selbst wahrnimmt und zu lesen vermag und der deshalb nicht von den Lehrsätzen der Meister oder Gurus jeder Art abhängig ist. Sie, die Weisheitssucher allein, sind eingeladen, an der Gemeinschaft der Fraternität teilzunehmen. Sie sind es denn auch, denen «das große Buch der Natur» offensteht. Doch nicht allein das Studium dieses Buches ist geboten, das ein Jakob Böhme in seiner geistvollen «Aurora» so überschwenglich preist, sondern auch die «fleißige und immerwährende Lesung der heiligen Bibel». Auch diese Übung ist ein Pfad zur Fraternität. Keineswegs zu übersehen ist, daß sich die »Confessio» durchaus nicht mit der sogenannten Bibelfestigkeit zufriedengibt. Das hieße die Heilige Schrift «prostituieren und gemein machen». Sie ist vielmehr selbst ein esoterisches Zeugnis, Niederschlag religiöser Erfahrung, die stets neu spirituelle Erfahrung zu entzünden vermag.

Auch in dieser dritten und gehaltvollsten Rosenkreuzerschrift folgen wir dem Original, das 1616 bei Lazarus Zetzner in Straßburg erstmals gedruckt und von
Richard van Dülmen 1973 wiedergegeben wurde. Bei
der Neuverdeutschung wurde diejenige von Alfons
Rosenberg (München-Planegg 1957) von Fall zu Fall
vergleichsweise herangezogen.

Während «Fama» und «Confessio» von Existenz
und Zielsetzung eines noch verborgenen Ordens berichten, der an die Öffentlichkeit zu treten gedenkt,
stellt die «Chymische Hochzeit» das Dokument einer
spirituellen Erfahrung dar. Christian Rosenkreuz
selbst tritt als das Urbild eines Geistsuchers an der
Schwelle zur Neuzeit auf den Plan. Andreae bekennt
in seiner Selbstbiographie: «Mich hat immer und immer ein unbegreiflicher Geist getrieben . . .»

In einer Folge von Schilderungen, die auf «sieben
Tage» verteilt sind, berichtet der Ich-Erzähler als
Christian Rosenkreuz von seinen Erfahrungen auf
dem Weg zur Chymischen Hochzeit von König und
Königin. Es handelt sich um «sieben seelische Tage-
werke» (Rudolf Steiner). Sie beginnen mit einem
übersinnlichen Bilderlebnis (Imagination) «an einem
Abend vor dem Ostertag». Bemerkenswert ist, daß
der zur Hochzeit Geladene einen weißen Leinenrock
anzieht und seine Lenden mit einem blutroten Band
umgürtet, das er kreuzweise über seine Schultern bin-
det; vier rote Rosen steckt sich der Pilger auf seinen
Hut. Die Anspielung auf das Andreaskreuz ist deutlich. Dieses Schrägkreuz, dem vier Rosen zugeordnet
sind, entspricht dem Wappen der Familie Andreae. So
bedarf es keines besonderen Hinweises, auf wen die

Chymische Hoch
zeit:
Christiani Rosencreütz.
ANNO 1459.

Arcana publicata vilescunt; & gratiam prophanata amittunt.

Ergo: ne Margaritas obijce porcis, seu Asino substerne rosas.

Straßburg/

In Verlägung / Lazari Zetzners.

Anno M. DC. XVI.

Die berühmteste Schrift der Rosenkreuzer, 1616 anonym erschienen

Charakteristik des Wanderers Rosenkreuz in erster Linie zutreffen soll.

Und doch ist der Autor der «Chymischen Hochzeit» nicht einfach der fiktive Christian Rosenkreuz. Er ist es ebensowenig wie die ganze Schrift – nach Meinung einiger Kritiker – lediglich eine Satire auf zeitgenössische, dekadent gewordene Alchymie ist. Viel eher haben wir es mit dem Typus einer Wanderschaft zum Geist zu tun, bei der der Reisefertige sich jedoch nicht bloß ins eigene Innere zurückzieht. In diesem Fall wäre von einem Gang zur «mystischen Hochzeit» zu sprechen. Zwar hat auch Christian Rosenkreuz einer «heimlichen und verborgenen Hochzeit» beizuwohnen, doch diese geschieht, wenngleich schwer zugänglich, nicht etwa abseits oder unter Ausschaltung der Natur. Die «Chymische Hochzeit», Zielbild echter Alchymie, schließt die zu transmutierende Natur, deren Bestandteil der Mensch ist, in den geistig-seelischen Prozeß mit ein. Der Weg beginnt für unseren Wanderer in der Zelle der Meditation und führt dann in den «Wald». Sie führt mitten durch die an Abwegen und Irrungen reiche Welt. Diese Weltzugewandtheit ist ein wichtiges Charakteristikum rosenkreuzerischer Einstellung. Übrigens ist auch Andreae auf seinen verschiedenen Reisen in der Welt herumgekommen, dennoch fließen nicht etwa realistische Schilderungen ein. Das imaginative Element, wie wir es von manchen Träumen her kennen, überwiegt bei weitem.

Christian Rosenkreuz gelangt zum gesuchten Schloß, findet dort Einlaß und macht zusammen mit anderen, meist fragwürdigen «Suchern» eine Reihe von Prüfungen erfolgreich durch. Trotz der umständlichen barocken Sprache der «Chymischen Hochzeit» ist der Wortlaut transparent genug für das, was gesagt werden soll: Auch andere Zeitgenossen des Rosenkreuz sind auf dem Weg zur Chymischen Hochzeit, doch deren Erkenntnismethode ist unbrauchbar oder unzeitgemäß, Ausdruck «menschlicher Blindheit», die verurteilt und «bestraft» werden muß. Zu denken ist beispielsweise an eine ihren Geistesursprung und ihr Ziel verfehlende Pseudo-Alchymie der sogenannten Goldmacher.

In den von Traumbildern und Allegorien durchsetzten Schilderungen taucht beispielsweise die Imagination eines «schönen schneeweißen Einhorns» auf. «Es lief zum Brunnen, neigte sich daselbst auf seine Vorderfüße, um den Löwen, der auf dem Brunnen so unbeweglich stand, als sei er aus Stein oder aus Erz, seine Ehrerbietung zu erweisen.» Einhorn und Löwe aber verhalten sich zueinander wie Kopf und Herz. Beide sollen in einem bewußtseinsgeschichtlich wichtigen Augenblick zu einer harmonischen Übereinstimmung gebracht werden. In einer Zeit, in der die äußere Naturwissenschaft des frühen 17. Jahrhunderts die sich emanzipierenden Gedankenkräfte zu einem einseitigen Rationalismus tendieren läßt, gilt es das geistig-seelische Gleichgewicht wieder herzustellen.

Diese als persönliche Erlebnisse des Christian Rosenkreuz aufgezeichneten Bildfolgen nehmen immer mehr den Charakter eines alchymistischen Transmutationsprozesses an. Ein eigenartiges Schauspiel wird aufgeführt, das in sieben Akten sieben Werdestufen des Arkanum beschreibt. Doch ehe die Chymische Hochzeit zu ihrem Höhepunkt emporgeführt werden kann, muß ihr Zeuge eine letzte harte Prüfung bestehen. Er muß erleben, wie die ganze Königsfamilie enthauptet wird. Das Entsetzen und die Trauer sind groß. Eine nochmalige Anstrengung wird von Rosenkreuz

und von den gleich ihm bewährten Alchymisten verlangt, nämlich «keine Mühe zu sparen, um den eben
begrabenen Königen wieder zum Leben zu verhelfen».
Das Resultat des gemeinsamen Laborierens ist die Er-
scheinung des Vogels Phönix, Symbol der Auferste-
hung und der Erneuerung aus der Asche. Sein Ei wird
mit einem Diamanten durchschnitten. Das Blut des
Phönix bewirkt die Erweckung der Getöteten. Sie
nehmen erstaunlicherweise zuerst die Gestalt von vier
Zoll großen Homunculi an, als Mann und Frau. Sie
gilt es zu vermählen. Die Hochzeit wird alsbald hinter
einem Vorhang vollzogen, von Cupido, dem Begleiter der Venus, bewacht.

Das Werk der Vermählung, ein Werk, das letztlich
im Menschen selbst zu vollziehen ist, macht die erfolg-
reichen, in ihrem Selbst geläuterten Alchymisten zu
«Rittern vom Goldenen Stein», denen fortan die Ver-
pflichtung obliegt, die Transmutationskunst als Dienerin der Natur (ars naturae ministra) zu hüten. Als
Ritter vom Goldenen Stein ist auch Christian Rosenkreuz in dieselbe Pflicht genommen. Doch ein Wer-
mutstropfen fällt in die Glücksstimmung des Initiier-
ten. Er soll «draußen» Torhüter sein, weil er bei einem
Einstieg ins tiefe Innere des Schlosses nicht nur zu dem
Schlafgemach der Frau Venus vorgedrungen ist, sondern weil er die nackte Schönheit ihres Leibes enthüllt
und geschaut hat – eine kaum verhüllte Anspielung auf
entsprechende Erlebnisse des jungen Studenten Andreae, die hier freilich mit einem grundsätzlichen Exi-
stenz- und Initiationsproblem sich vor den verführeri-
schen Venuskräften zu hüten, verquickt erscheinen.

Doch da bricht der Rosenkreuzerroman mitten im
Satz plötzlich ab. Es folgt die rätselhafte Notiz, wo-

nach «zwei Quart-Blättchen» fehlen. Der fragmentarische Charakter des «Chymischen Hochzeit» ist gewiß mehr als nur ein schriftstellerischer Kunstgriff. Denn das, was bei aller Dramatik im weitschweifigen Bericht von Christian Rosenkreuz erzählt wurde, soll ein Impuls zu eigenem Erleben vermitteln. Darin liegt das wesentlich Esoterische dieser Schrift. Die Unabgeschlossenheit unterstreicht, wie sehr die Dinge offen sind, nämlich für den Leser, der die einzelnen Bilder zu sich sprechen lassen möge. Und andererseits ist es nicht die einzige esoterische Schrift, die in diesem Sinne – auch Böhmes «Aurora» wurde im «Sturm abgebrochen» – Fragment geblieben ist und Fragment bleiben mußte.

Genug, daß Richtung und Stationen eines Wegs aufgezeigt sind. Mehr kann eine Mysterienschrift nicht leisten. Der freien Entscheidung jedes einzelnen ist es anheimgestellt, das Eigentliche selbst zu tun, nämlich sich auf den Weg zu machen und – wie es die abschließende Notiz der «Chymischen Hochzeit» nennt – «heimzukommen».

Die Texte

Das Ergon und Parergon der Rosenkreuzer

Fama Fraternitatis

oder Brüderschaft des hochlöblichen Ordens des R. C.
An die Häupter, Stände und Gelehrten Europae (1614)

Wir, die Brüder der Fraternität des R. C. (Rosenkreuz)
entbieten allen und jedem, die diese unsere Fama christlicher Meinung lesen, unsern Gruß, Liebe und Gebet.
Nachdem der alleinweise und gnädige Gott in den
letzten Tagen seine Gnad und Güte so reichlich über
das menschliche Geschlecht ausgegossen, daß sich die
Erkenntnis, beides: seines Sohns und der Natur, mehr
und mehr erweitert und wir uns billig einer glücklichen
Zeit rühmen mögen, weil nicht allein ein Teil der unbekannten und verborgenen Welt entdeckt wurden und
viel wunderbare und zuvor nie geschehene Werke und
Schöpfungen der Natur möglich wurden, sondern auch
hocherleuchtete Geister aufstanden. Die brachten die
verunreinigte und unvollkommene Kunst wieder zu-
recht, damit endlich der Mensch seinen Adel und Herrlichkeit verstände, inwiefern er ein Mikrokosmos sei
und wie weit sich seine Kunst in die Natur hinein er-
streckt.
Der unbesonnenen Welt scheint hiermit wenig ge-
dient zu sein. Das Lästern, Lachen und Gespött nimmt
zu, auch ist bei den Gelehrten Stolz und Ehrgeiz so
groß, daß sie nicht zusammenfinden. Und aus allem,
das Gott in unserem Jahrhundert im Buch der Natur
reichlich mitgeteilt (gelangen sie zu keiner Zusammenschau), sondern einer streitet wider den andern. Man
bleibt bei der alten Leier und statt das helle offenbare

Licht (der Naturerkenntnis) gelten zu lassen, müssen die Schriften von Päpsten, Aristoteles und Galenus herhalten, die ohne Zweifel, lebten sie noch, sich mit Freuden korrigieren würden. Hier ist man großen Worten nicht gewachsen. (Die alte) Theologie, Physik und Mathematik stehen der Wahrheit entgegen. Der alte Feind tritt mit List und Grollen auf den Plan, da er durch Schwärmer, Unfrieden und Landläufer die (neue Entwicklung) hindert und verhaßt macht.

Um das Ziel einer Generalreformation hat sich seit langem intensiv bemüht der tiefsinnige, geistvolle und hocherleuchtete Vater Bruder C. R., ein Deutscher, unserer Fraternität Haupt und Begründer. Im fünften Jahr seines Alters wurde das Kind adeliger Eltern in ein Kloster gesteckt. Er erlernte beide Sprachen, das Griechische und das Lateinische. Auf sein eindringliches Flehen und Bitten hin wurde er noch in blühender Jugend einem Bruder beigegeben, der eine Reise zum heiligen Grab unternahm. Obgleich dieser Bruder in Cypern starb und also Jerusalem nicht gesehen hatte, kehrte unser Frater C. R. nicht um, sondern fuhr zu Schiff hinüber und zog nach Damaskus, willens, von dort aus Jerusalem zu besuchen. Als er aber wegen Krankheit dort verweilen mußte und die Türken kennenlernte, erfuhr er von den Weisen zu Damcar in Arabien, welcher Wundertaten sie fähig waren und wie ihnen die ganze Natur entdeckt wäre. Hierdurch wurde das hohe und edle Ingenium des Frater C. R. C. (Christian Rosenkreuz) erweckt, daß ihm nicht mehr so sehr Jerusalem im Sinne lag wie Damcar. Nun konnte er sein Verlangen nicht mehr zügeln, sondern verdingte sich arabischen Meistern, um ihn gegen eine Geldsumme nach Damcar zu führen.

Erst 16 Jahre war er alt, als der dahin kam als einer

von guter deutscher Abstammung. Da empfingen ihn die Weisen, wie er selber bezeugt, nicht wie einen Fremden, sondern gleichsam wie einen, auf den sie lange gewartet hatten. Sie nannten ihn mit Namen und wußten von Besonderheiten aus seinem Kloster, worüber er sich nicht genugsam wundern konnte. Allda lernte er die arabische Sprache so gut, daß er schon im folgenden Jahr das Buch und das Liber M. (Buch der Natur) in gutes Latein übertrug. Das nahm er mit sich. So ist das der Ort, an dem er seine Physik und Mathematik holte und deren sich die Welt billigerweise erfreuen sollte, wenn die Liebe dazu größer, die Mißgunst weniger wäre.

Nach drei Jahren kehrte er wieder um mit reicher Erkenntnis. Er fuhr mit dem Schiff aus dem Roten Meer nach Ägypten, wo er sich nicht lange aufhielt. Er durchschiffte das ganze Mittelmeer, um nach Fez (in Marokko) zu kommen, wohin ihn die Araber gewiesen hatten. Bemerkenswerterweise waren diese weit entlegenen Weisen nicht nur (in der Sache) einig und allen Zankschriften zuwider, sondern sie schenkten ihm Vertrauen und eröffneten ihm geneigt und willig ihre Geheimnisse.

Alle Jahre kommen die Araber und Afrikaner zusammen, befragen einander auf allen Erkenntnisgebieten, um Erfindungen und Erfahrungen auszutauschen. Da kommt jährlich etwas zustande, wodurch Mathematik, Physik und Magie, worin die Fessaner am geschicktesten sind, gefördert werden. Schließlich mangelt es jetzt auch in Deutschland weder an Gelehrten, Magiern, Kabbalisten, Medizinern und Philosophen, die einander etwas zulieb tun könnten, und der große Haufe müßte nicht allein die Weide abgrasen.

Zu Fessanum oder Fez erfuhr er Kunde von jenen

Bewohnern, die ihm viel von ihrer (Kenntnis des Elementarischen) eröffneten, wie wir Deutsche auch vieles zuwege bringen könnten, wenn wir in gleicher Einigkeit und mit ganzem Ernst zu suchen begehrten. Von diesen Fessanern bekannte er freilich oft, daß ihre Magia nicht ganz rein, auch die Kabbala mit ihrer (islamischen) Religion befleckt sei. Trotzdem wußte er sie sich trefflich zunutze zu machen. Auch fand er einen noch besseren Grund für seinen Glauben hinsichtlich der Harmonie mit der ganzen Welt in allen Epochen der Jahrhunderte. Hieraus ergab sich ihm eine schöne Einheit, so wie in jedem Kern ein ganzer Rahmen oder Frucht enthalten ist, die ganze große Welt in einem kleinen Menschen enthalten ist. Religion, Regierung, Gesundheit, Glieder, Natur, Sprache, Worte und Werke alle harmonieren in gleichem Ton und Melodie mit Gott, Himmel und Erden zusammen. Was dem entgegensteht, ist Irrung, Verfälschung und vom Teufel, der die erste und letzte Ursache der weltlichen Dissonanz, Blindheit und Dummheit ist. Und würde einer alle Menschen dieses Erdbodens prüfen, würde er finden, daß das Gute immer mit sich selbst eins, das andere jedoch mit tausenderlei irriger Meinung befleckt ist.

Nach zwei Jahren verließ Frater R.C. Fessam und fuhr mit vielen köstlichen Stücken nach Spanien in der Hoffnung, daß die ihm selbst so wohl geglückte Reise auch die Gelehrten Europas erfreuen würde, um nunmehr alle ihre Bemühungen nach ähnlichen gewissen Fundamenten auszurichten. In Spanien besprach er sich mit den Gelehrten, worinnen es unseren Disziplinen fehlt und wie ihnen zu helfen, ferner inwiefern künftige Jahrhunderte mit den vergangenen abzustimmen wären, wie der Kirche Mängel und die Moralphilosophie zu verbessern wären. Er zeigte ihnen neue Gewächse, neue Früchte, Tiere, die sich nicht nach der alten Philosophie begreifen lassen, und er gab ihnen neue Grundsätze an die Hand, die allem entsprachen. Aber es war ihnen zum Lachen, weil es noch neu schien. Sie waren besorgt, ihr großer Name würde geschmälert, wenn sie dazulernten und ihr vieljähriges Irren zugeben sollten. Sie waren ihrer Sache sicher, und das genügte ihnen. Ein anderer, der Unruhe bringt, mochte wohl reformieren.

Dieses Liedlein wurde ihm von andern Nationen auch vorgesungen. Desto mehr sah er sich veranlaßt, seine Erkenntnisse den Gelehrten mitzuteilen aus allen Fakultäten, Wissenschaften, Künsten und der ganzen Natur. Sie sollten gleich einem Globus sich dem einen Zentrum zuwenden, wie es bei den Arabern Brauch. Den Weisen sollte es eine Aufgabe sein, auch in Europa eine Sozietät zu schaffen...

Einen besonderen Ruf hatte Theophrastus (genannt Paracelsus), der zwar unserer Fraternität nicht beigetreten, jedoch den Liber M. (das Buch der Welt) las und seinen hohen Geist dadurch erweckte. Aber diesen Mann hat die Überheblichkeit der Gelehrten und der Naseweisen selbst in seinem besten Lauf gehindert, daß er seine Naturbetrachtung nicht auf friedliche Weise mit andern besprechen konnte, weshalb er in seinen Schriften eher der Fürwitzigen spottete, als daß er sich ganz zu durchschauen gab. Dennoch ist die angestrebte Harmonie bei ihm zu finden. Ohne Zweifel hätte er sie den Gelehrten mitgeteilt, da er sie größerer Erkenntnis statt nutzloser Fopperei für würdig fand. Aber mit einem allzu freien und unachtsamen Leben verlor er seine Zeit und überließ die Welt ihrer törichten Freude.

Damit wir aber unseres geliebten Vaters Bruder C. R. nicht vergessen: Nach vielen mühseligen Reisen zog er laut zuverlässigen Informationen wiederum nach Deutschland, das er angesichts der (reformatorischen) Veränderung und des (damit verbundenen) wunderlichen Kampfes herzlich lieb hatte. Obwohl er mit der Kunst, insbesondere jener der Umwandlung von Metallen hätte Aufsehen erregen können, war ihm doch der Himmel und dessen Bürger, die Menschen, viel wichtiger als alle Pracht. Er baute sich ein solides Heim, um den Ertrag seiner Reisen und seines Forschens zusammenzufassen und in eine gewisse Ordnung zu bringen. In diesem Haus soll er sich eine gute Zeit mit der Mathematik beschäftigt haben. Von vielen schönen Instrumenten, die er mit deren Hilfe baute, sind nicht mehr viel übrig geblieben, wie wir vernehmen.

Nach fünf Jahren kam er auf die angestrebte Reformation abermals zurück. Weil andere Hilfe oder Beistand fehlte, er selbst aber hurtig und unverdrossen arbeitete, nahm er zu diesem Zweck einige Mitarbeiter zu sich. Er nahm aus seinem ersten Kloster, mit dem er immer noch verbunden war, drei seiner Mitbrüder: G. V., Fr. I. A. und Fr. I. O. Diese drei verpflichtete er, recht zuverlässig, eifrig und verschwiegen zu sein, auch all das, wozu er sie anleitete, mit größter Gewissenhaftigkeit zu Papier zu bringen, damit die Nachwelt, der die Offenbarung bestimmt, durch keine einzige Silbe oder Buchstab betrogen würde.

So fing die Bruderschaft des R. C. zuerst mit nur vier Personen an. Sie bedienten sich der magischen Sprache und Schrift mit einem umfassenden Wortschatz. Noch heute finden wir große Weisheit zu Gottes Ehre und Ruhm darin.

Sie verfaßten den ersten Teil des Buches M (d.h. der Welt). Aber die Arbeit wurde zu groß. Der unglaubliche Zulauf von Kranken nahm sie sehr in Anspruch. Vollendet wurde auch ein neues, dem Heiligen Geist geweihtes Gebäude. Sie beschlossen weitere Mitglieder in ihre Bruderschaft aufzunehmen. Erwählt wurden Fr. B., der Großneffe von Bruder R. C., ein geschickter Maler G. G. und P. D. der Schreiber, alles Deutsche, bis auf I. A. Sie waren ihrer acht ledigen Standes und gelobten Jungfräulichkeit. Dadurch sollte all das vereint sein, was der Mensch sich wünschen, was er begehren und hoffen kann.

Wenngleich wir zugeben müssen, daß sich die Welt innerhalb von hundert Jahren ziemlich verändert hat, sind wir doch sicher, daß unsere Grundsätze bis an den Jüngsten Tag bestehen bleiben. Nichts wird die Welt je (von uns) zu sehen bekommen, denn unsere (geistigen Fundamente) nehmen ihren Anfang an dem Tag, da Gott sprach: «Fiat» (Es werde), und sie enden, wenn er sprechen wird «Pereat» (Sie vergehe). Gottes Uhr schlägt alle Minuten, während unsere kaum ganze Stunden anzeigt.

Wenn unsere geliebten Väter und Brüder – dies glauben wir fest –, das helle Licht (unserer Erkenntnis) gehabt hätten, sie hätten dem Papst, Mohammed, den Schriftgelehrten, (Schein-)Künstlern und Sophisten besser widerstanden und nicht nur mit Seufzen deren Untergang herbeigewünscht.

Als nun diese acht Brüder alles dergestalt ausgerichtet hatten, daß keine weitere Arbeit nötig, auch jeder die heimliche und die offenbare Philosophie diskutiert hatte, wollten sie nicht länger beieinander bleiben. Wie von Anfang an festgelegt, ging sie in alle Lande, damit nicht allein ihre Lehren von den Gelehrten insgeheim genau überprüft würden, sondern damit einander ihre Beobachtungen aus anderen Ländern berichten.

Ihr Aufgaben waren diese: 1. Keiner solle sich einer

anderen Beschäftigung hingeben als Kranke pflegen, und zwar ganz umsonst. 2. Keiner soll genötigt sein, der Bruderschaft wegen eine bestimmte Kleidung zu tragen; er soll sich vielmehr derjenigen des Landes anpassen. 3. Ein jeder Bruder soll sich alle Jahre am Pfingsttag einstellen oder die Ursache seines Ausbleibens mitteilen. 4. Ein jeder Bruder soll sich nach einer geeigneten Person umsehen, die gegebenenfalls an seine Stelle treten kann. 5. Das Wort R. C. soll ihr Siegel, Losung und Kennzeichen sein. 6. Die Bruderschaft soll einhundert Jahre (bzw. 120 Jahre) verschwiegen bleiben.

Auf diese sechs Artikel verpflichteten sie sich gegeneinander. Fünf der Brüder zogen davon, allein die Brüder B. und D. blieben bei dem Vater Fr. R. C. ein Jahr lang. Als auch diese auszogen, blieb bei ihm sein Vetter und I. O., so daß er für die Tage seines Lebens immer zwei bei sich hatte. Und wiewohl die Kirche noch ungesäubert war, wissen wir doch, was sie von ihr gehalten und worauf sie mit Verlangen warteten.

Alle Jahre kamen sie mit Freuden zusammen und berichteten ausführlich von ihren Verrichtungen. Es muß lieblich gewesen sein, alle Wunder, die Gott in der Welt da und dort ausgestreut, wahrhaftig und ohne Übertreibung zu vernehmen. Man darf es auch als gewiß ansehen, daß diese Personen, die von Gott und der ganzen himmlischen Schar (für ihren Dienst) zugerüstet und von den weisesten Männern, die je gelebt, ihrer großen Einigkeit, Verschwiegenheit und Güte wegen ausgezeichnet wurden. In solch löblichem Wandel ging ihr Leben dahin. Und wiewohl ihre Leiber von aller Krankheit und Schmerzen befreit waren, konnten die Seelen die ihnen gesetzten Punkte der Auflösung nicht überschreiten. Der erste aus dieser Fraternität war I. O.; er starb in England, wie ihm

Fr. R. C. lange zuvor gesagt hatte. Er war in der Kabbala sehr vollkommen und besonders gelehrt, wie sein Büchlein, H. betitelt, bezeugt. In England weiß man viel von ihm zu sagen, besonders weil er einem jungen Grafen von Norfolk den Aussatz vertrieben.

Sie hatten beschlossen, daß ihre Begräbnisse möglichst verborgen bleiben, weshalb wir heute nicht wissen, wo ihrer etliche geblieben. Doch ist die Stelle eines jeden durch einen tauglichen Nachfolger besetzt worden. Das wollen wir aber Gott zu Ehren hiermit öffentlich bekannt haben, was wir aus dem Buch M. heimlich erfuhren, wiewohl wir der ganzen Welt Bild und Gleichnis vor Augen haben können, wissen wir doch weder unser Unglück noch unser Sterbestündlein. Der große Gott behält sichs vor. Uns will er in steter Bereitschaft haben. Davon jedoch in unserer «Confessio», darinnen wir auch 37 Ursachen anzeigen, warum wir jetzt unsere Bruderschaft eröffnen und diese hohen Mysterien freiwillig, ungezwungen und ohne alle Belohnung anbieten. Auch versprechen wir mehr Gold als der König von Spanien aus den beiden Indien beibringt; denn Europa geht schwanger und wird ein starkes Kind gebären. Das muß eines großen Gevattern Geld haben.

Nach dem Tod von O. feierte Fr. R. C. nicht, sondern berief die andern, sobald sie konnten, zusammen. Wir meinen, daß damals sein Grab erst gemacht worden ist. Obwohl wir Jüngeren bisher gar nicht wußten, wann unser geliebter Vater R. C. gestorben und nicht mehr hatten als die Namen der Anfänger samt der Nachfolger bis auf uns, wußten wir uns noch einer Heimlichkeit zu erinnern, so etwa A., des D. Nachfolger, der letzte aus der anderen Generation, der mit vielen von uns gelebt hat. (Diese Erinnerung) stützt sich auf verborgene Reden über das Thema der hundert Jahre und wurde uns, der dritten Generation weitergegeben. Im übrigen müssen wir bekennen, daß nach dem Tod von A. keiner von uns irgend etwas von R. C. und seinen ersten Mitbrüdern weiß, außer was in unserer philosophischen Bibliothek von ihnen enthalten ist. Darunter befinden sich als wichtigstes unsere Grundsätze, die Rotae Mundi als das kunstfertigste und (der in der Alchymie als Prinzip der Wandelbarkeit gebräuchliche) Proteus als das nützlichste, wie wir meinen. Wir wissen dagegen nicht, ob die von der zweiten Generation über die gleiche Weisheit wie die der ersten verfügten und zu allem Zugang hatten.

Dem günstigen Leser soll aber deutlich gesagt sein, daß wir von des Fr. R. C. Begräbnis(stätte) nicht nur erfahren haben, sondern davon auch hiemit öffentlich kundtun, von Gott dazu ermächtigt und beauftragt. Dem kommen wir getreulich nach, daß, wo man mit Bescheidenheit eine christliche Antwort von uns verlangt, wir uns nicht scheuen, unsere Taufe, Entwicklung, unsere Zusammenkünfte und was immer man von uns begehren wird, im Druck zu veröffentlichen.

So ist nun die Wahrheit und der gründliche Bericht über den hocherleuchteten Gottesmann Fr. C. R. C. (Bruder Christian Rosenkreuz) diese: Nachdem A. in der Gegend von Narbonne selig verschieden, kam an seine Statt unser geliebter Bruder N. N. Als sich dieser bei uns eingestellt und den ehrwürdigen Treu- und Schweigeeid ablegte, berichtete er uns ins Vertrauen: A. hätte ihn versichert, daß diese Fraternität in kurzem nicht mehr geheim arbeiten, sondern im ganzen Vaterland deutscher Nation hilfreich, notwendig und berühmt sein werde. In seinem Stand müsse er sich keinesfalls (seiner Zugehörigkeit zur Bruderschaft) schämen.

Im folgenden Jahr, als er seiner Ausbildung genügt hatte und im Begriff war, wohl ausgerüstet zu verreisen, gedachte er, der ein guter Baumeister war, an diesem Gebäude etwas zu verändern und zweckmäßiger anzuordnen. Bei dieser Renovation stieß er auf die Gedächtnistafel aus Messing, die die Namen der Bruderschaft samt anderen Angaben enthielt. Diese Tafel wollte er in ein anderes, geeigneteres Gewölbe versetzen. Wo und wann Fr. R. C. gestorben und in welchem Land er begraben sein mochte, wurde uns von den Alten vorenthalten und wir wußtens nicht. Die Tafel hing nun an einem großen, starken Nagel, weshalb er mit Gewalt herausgezogen wurde. Dabei löste sich ein ziemlich großer Stein von einem dünnen Mauerwerk samt Mörtel, der eine verborgene Türe bedeckte. Mit Freude und Neugierde räumten wir das übrige Gemäuer hinweg und säuberten die Tür. An ihr stand oben mit großen Buchstaben geschrieben:

Post CXX annos patebo.
(Nach 120 Jahren werde ich offenstehen.)

Für die alte Jahreszahl darunter dankten wir Gott und ließen die Sache am selben Abend auf sich beruhen. Dreimal besannen wir uns auf unsere Confessio, denn was wir hier offenbaren, geschieht den dafür Würdigen zunutz, den Unwürdigen soll es, wills Gott, wenig frommen. Denn gleich wie unsere Türe sich nach so vielen Jahren sich in wunderbarer Weise eröffnet, also soll auch für Europa eine Tür aufgehen, wenn das Gemäuer weg ist; eine Türe, die sich schon sehen läßt und von nicht wenigen mit Begierde erwartet wird.

Des Morgens öffneten wir die Türe und fanden ein Gewölbe mit sieben Seiten und Ecken, jede Seite fünf

Fuß lang, bei einer Höhe von acht Fuß. Obwohl dieses Gewölbe nie von der Sonne beschienen wurde, leuchtete es doch hell. Ein sonnenartiges Licht stand zuoberst in der Mitte der Bühne. In ihrer Mitte war statt eines Grabsteins ein runder Altar mit einer Messingplatte; darauf diese Schrift:

A. C. R. C.
Hoc universi compendium vivus mihi sepulchrum feci.
(Dies Kompendium des Alls habe ich mir zu meinen Lebzeiten zum Grabmal gemacht.)

Um den ersten Reif oder Rand herum stand:

Jesus mihi omnia.
(Jesus ist mir alles.)

In der Mitte waren vier Figuren von einem Kreis umschlossen, dessen Umschrift lautete:

1. Nequaquam vacuum – keine Leere,
2. Legis iugum – Joch des Gesetzes,
3. Libertas Evangelii – Freiheit des Evangeliums,
4. Dei gloria intacta – Gottes uneingeschränkter Ruhm.

Dies ist alles klar und lauter wie auch die siebte Seite und die zwei(mal) sieben Triangel.

Wir knieten allzumal nieder und dankten dem allein weisen, allein mächtigen, allein ewigen Gott, der uns mehr gelehrt als alle menschliche Vernunft erfinden könnte. Gelobt sei sein Name!

Dieses Gewölbe teilten wir in drei Teile auf: die

Bühne oder Himmel, die Wand oder Seiten, den Boden oder Pflaster. Von dem Himmel werdet ihr diesmal von uns nicht mehr vernehmen, außer daß er nach den sieben Seiten in dem lichten Zentrum im Triangel geteilt ist. Was aber hierinnen, das sollen – so Gott will – eure auf das Heil gerichteten Augen selbst sehen. Es war jede in zehn quadratische Felder abgeteilt, jede mit seinen Figuren und Worten, wie sie hier in unserm Büchlein aufs fleißigste und getreueste umrissen. Der Boden ist auch wieder im Triangel abgeteilt. Aber weil hier Herrschaft und Gewalt des unteren Regenten beschrieben, läßt sich solches nicht durch die fürwitzige, gottlose Welt mißbrauchen, was vom Himmel her zu verstehen ist. Es tritt der alten bösen Schlange ohne Scheu und Schaden auf den Kopf, wozu unser Zeitalter gar wohl bereit ist.

Eine jede der Seiten hatte eine Tür zu einem Kasten, in dem unterschiedliche Sachen lagen, besonders alle unsere Bücher, die wir hatten, mit dem theosophischen Vokabular des Theophrastus (Paracelsus) von Hohenheim, (aus) dem wir täglich ohne Trug mitteilen. Hierinnen fanden wir auch sein Tagebuch und seine Lebensbeschreibung, aus denen dieses meistenteils genommen ist.

In einem anderen Kasten waren Spiele von mancherlei Art, anderswo Glöcklein, brennende Ampeln, einige wunderbare kunstvolle Gesänge – alles darauf gerichtet, daß auch nach vielen hundert Jahren, wenn der ganze Orden oder Bruderschaft zugrunde gegangen sein sollte, durch (den Inhalt) dieses Gewölbes wiederum zu erneuern wäre. Noch hatten wir den Leichnam unseres sorgfältigen und klugen Vaters nicht gesehen, weshalb wir den Altar beiseite rückten. Eine starke Messingplatte ließ sich aufheben. Darunter befand sich ein schöner und ruhmwürdiger Leib, unversehrt und ohne alles Verwesen, wie derselbe hier aufs genaueste in vollem Ornat abgebildet ist. In der Hand hielt er ein Büchlein, mit Gold auf Pergament beschriftet, T(estament) genannt, welches nach der Bibel unser höchster Schatz, der billigerweise keiner Zensur der Welt unterworfen werden soll. Am Ende dieses Büchleins stehet folgendes Wort:

Granum pectori Jesu insitum...

«Das dem Herzen Jesu eingepflanzte Samenkorn, Christian Rosenkreuz stammte aus vornehmer und erleuchteter deutscher Familie. Er war für sein Jahrhundert der Mann, der durch göttliche Offenbarung, durch erhabenste Imaginationen, durch unermüdliches Bestreben den Zugang fand zu den himmlischen und menschlichen Mysterien und Geheimnissen. Er behütete seinen mehr als königlichen Schatz, den er auf seinen Reisen durch Arabien und Afrika gesammelt hatte, der aber seinem Jahrhundert noch unangemessen war, vor den späteren Generationen, bis er wieder ausgegraben würde, setzte treue und engverbundene Erben ein über seine Künste und seinen Namen, erbaute eine ‹Kleine Welt›, die in allen Bewegungen der ‹Großen Welt› entsprach und schuf schließlich ein Kompendium aller vergangenen, gegenwärtigen und zukünftigen Geschehnisse. Dann gab er, von niemand gedrängt, einzig vom Geiste Gottes gerufen, seine erleuchtete Seele dem Schöpfer zurück, unter den Umarmungen und Abschiedsküssen seiner Brüder. Obwohl er mehr als hundert Jahre alt geworden war, hatte er dennoch nie Krankheit an seinem Leibe erfahren noch an anderen geduldet. Er war unser geliebtester Vater, sanftester

Bruder, treuester Meister und lauterster Freund. Hier ist er von den Seinen für 120 Jahr den Augen der Welt entzogen worden.»

Zuunterst hatten sich (fünf, dann drei Brüder) unterschrieben. Am Ende steht:

Ex deo nascimur,
In Jesu morimur,
Per spiritum reviviscimus.

Aus Gott sind wir geboren,
In Jesu sterben wir,
Durch den Geist werden wir wiedergeboren.

Es waren damals schon Br. O. und Br. D. verschieden; wo ist nun ihr Begräbnis zu finden? – Wir zweifeln nicht, es werde mit dem alten Brüder-Senior etwas besonderes in die Erde gelegt und verborgen worden sein. Wir hoffen auch, es möge unser Beispiel andere anregen, mit Fleiß die eröffneten Namen zu erfragen und deren Begräbnis aufzusuchen. Denn der größere Teil der Brüder ist wegen ihrer medizinischen Tätigkeit unter den uralten Leuten bekannt und berühmt geworden. So könnte der Schatz (unserer Mitteilungen) gemehrt oder wenigstens erläutert werden.

Den minutum mundum (die kleine Welt des Menschen) betreffend, so fanden wir den in einem andern Altärlein verwahrt, gewiß schöner als ihn ein verständiger Mensch sich vorstellen könnte. Den lassen wir hier ohne Beschreibung, bis uns auf diese unsere treuherzige Fama vertraulich geantwortet wird. So haben wir die Platten wieder darübergelegt, den Altar daraufgestellt, die Türe wieder verschlossen und mit unser aller Siegel gesichert. Endlich gingen wir unserer Gewohnheit gemäß wieder auseinander und überließen den natürlichen Erben den Besitz unserer Kleinodien. Nun warten wir ab, welcher Bescheid und welches Urteil von Gelehrten und Ungelehrten erfolgen.

Wiewohl wir nun wissen, daß es mit unserem Verlangen und unserer Hoffnung auf eine allgemeine Reformation in religiöser und in weltlicher Hinsicht noch nicht so weit ist, aber es ist auch nicht unbillig, daß, ehe die Sonne aufgeht, sie (eine Morgenröte) am Himmel aufleuchten läßt. So werden etliche wenige mit der Zahl und dem Ansehen unserer Fraternität zusammentreten und mit ihrem philosophischen Richtmaß einen glücklichen Anfang machen. Nimmermehr werden uns unsere Schätze ausgehen. In Demut und Liebe werden sie mit uns die Mühsal dieser Welt verklären und mit den Wunderwerken Gottes nicht mehr blind umgehen.

Damit aber auch ein jeder Christ wisse, welchen Glaubens und Vertrauens wir sind, so bekennen wir uns zur Erkenntnis Jesu Christi, wie dieselbe zu dieser letzten Zeit besonders in Deutschland hell und klar verbreitet wurde und – abgesehen von Schwärmern, Ketzern und falschen Propheten – in bestimmten Ländern erhalten, bestritten und propagiert wird. Auch haben wir zwei Sakramente gemäß den Wortlauten und Kultusgepflogenheiten der ersten erneuerten Kirche. In politischer Hinsicht erkennen wir das Römische Reich und die Monarchie als unser und der Christen Oberhaupt an.

Wir wissen, welche Veränderungen bevorstehen und wollen dieselben anderen Gottesgelehrten gerne mitteilen. Und dies ist unsere Handschrift, die wir in Händen haben. Ihretwegen wird uns kein Mensch den Unwürdigen als vogelfrei erklären. Vielmehr werden wir auf verborgene Weise Gutes wirken, soweit es Gott gestattet. Denn unser Gott ist nicht blind wie der Heiden Fortuna; sondern der Kirche Schmuck und des Tempels Ehre ist unsere Philosophie. Sie ist nicht neu, sondern wie sie Adam nach seinem Fall erhalten und wie Moses und Salomon sie geübt. Auch soll sie nicht viel Zweifel und Meinungen widerlegen, denn die Wahrheit ist einzig, einfach und ihr selbst immerdar gleich, besonders im Blick auf Jesus stimmt sie in jeder Hinsicht überein, insoweit sie sein Ebenbild ist. Deshalb soll es nicht heißen: In philosophischer Hinsicht ist etwas wahr, in theologischer hingegen falsch, sondern: Worauf Plato, Aristoteles, Pythagoras und andere gründen und worauf Henoch, Abraham, Moses, Salomo setzen, besonders in der Zusammenschau des großen Wunderbuches der Bibel, das harmoniert zusammen und gleicht einer Sphäre oder Globus, dessen Teile vom Zentrum gleichweit entfernt sind.

Was aber zu unserer Zeit das gottlose und verfluchte Goldmachen anlangt, das so sehr überhand genommen hat, so ist zu sagen, daß viele dahergelaufene Lecker eine große Büberei damit treiben, indem sie die Neugierde und die Glaubwürdigkeit vieler mißbrauchen. Selbst bescheidene Personen halten dafür, daß die Verwandlung der Metalle höchster Zweck und Ziel der Philosophie wären, um die es allein ginge, und derjenige Gott besonders lieb sein müsse, wenn er möglichst große Goldmassen und Klumpen machen könne. Dabei hoffen sie Gott, den allwissenden Herzenskündiger, durch unbedachtes Bitten und durch Selbstquälerei zu bereden. So bezeugen wir hiermit öffentlich, daß solches falsch und es mit den wahren Philosophen so beschaffen ist, daß ihnen Gold zu machen ein Geringes und nur ein Parergon (Nebenwerk) ist, derengleichen sie wohl noch etliche tausend bessere Stücklein haben. Und mit unserm lieben Vater C. R. C. sagen wir: Was soll das Gold, denn welchem die ganze Natur offen steht, der freut sich nicht, daß er Gold machen kann oder, wie Christus sagt, ihm die Teufel gehorsam sind, sondern daß er den Himmel offen sieht und die Engel Gottes auf und herniedersteigen und daß sein Name eingeschrieben steht im Buch des Lebens.

Wir bezeugen auch, daß unter dem Namen der Chymie Bücher und Figuren herausgekommen sind, die den Ruhm Gottes beleidigen. Zu gegebener Zeit wollen wir solche benennen und den reinen Herzen einen entsprechenden Katalog mitteilen. Und wir bitten alle Gelehrten, auf dergleichen Bücher gut zu achten, denn der Feind unterläßt es nicht, Unkraut zu säen, bis ihn ein Stärkerer vertreibt. Deshalb ersuchen nach Br. C. R. C. Meinung wir seine Brüder, abermals alle Gelehrten in Europa, die diese in fünf Sprachen verbreitete Fama samt der lateinischen Confessio lesen werden, daß sie mit wohlbedachtem Gemüt diese unsere Bitte erwägen, ihre Künste aufs genaueste, gründlichste überprüfen, die gegenwärtige Zeit mit allem Fleiß beobachten und dann ihre Bedenken entweder in einem gemeinsamen Konzil oder in gesondertem Druck uns eröffnen. Gewiß soll uns eines jeden Urteil, ganz gleich in welcher Sprache, uns zukommen. Es soll auch keinem, der seinen Namen angeben wird, ein Nachteil erwachsen, wenn er sich mit unsereinem entweder mündlich oder, falls ihm dies bedenklich erscheint, schriftlich austauscht.

Dies sagen wir und versichern, daß er es ernstlich und herzlich mit uns meinen wird, der soll an Gut, Leib und Seel keinen Schaden haben. Wo aber ein

Herz falsch oder nur auf Geld aus ist, der wird zwar nicht uns Schaden bringen, sich aber in das höchste und äußerste Verderben stürzen. Es soll auch unser Gebäude, selbst wenn es hunderttausend Menschen von nah gesehen hätten, der gottlosen Welt unzugänglich, unzerstört, unbesichtigt und gar wohl verborgen bleiben.

Sub umbra alarum tuarum Jehova.
(Unter dem Schatten deiner Flügel, Jehova.)

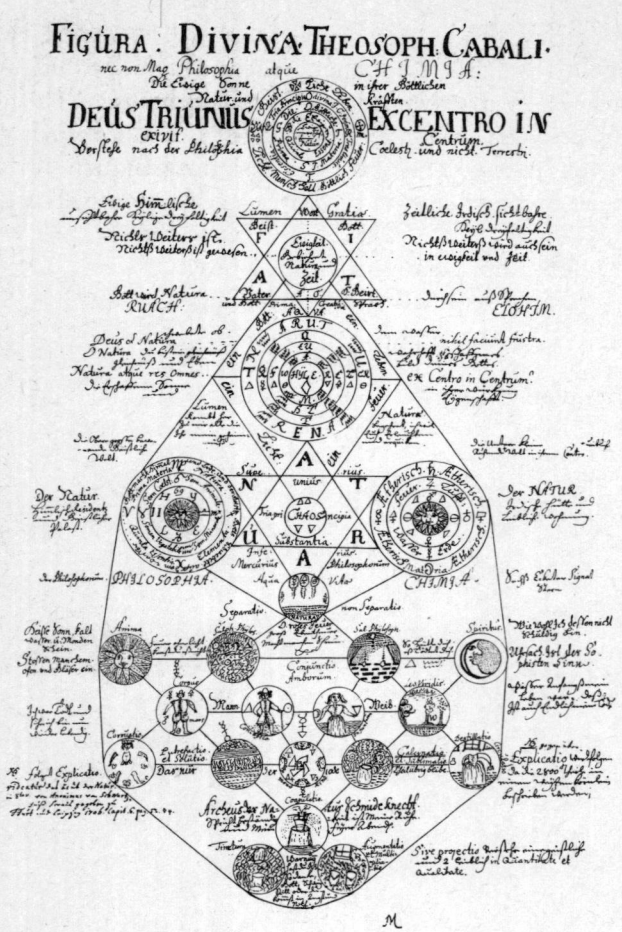

Der dreieinige Gott – ex centro in centrum nach der Handschrift

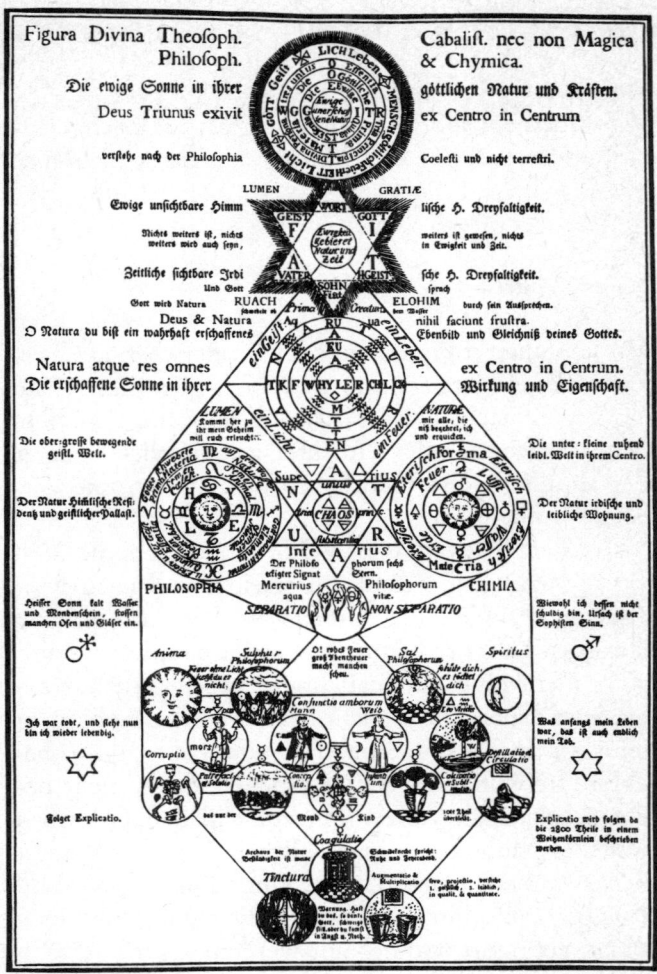

Die gleiche Figur wie links – «Alles kommt von Einem» – im späteren Buchdruck

Confessio Fraternitatis

oder
Bekenntnis der löblichen Bruderschaft des hochgeehrten Rosenkreuzes an die Gelehrten Europas geschrieben (1615)

Das 1. Kapitel

Was von unserer Fraternität oder Bruderschaft aus hierbevor ausgefertigter Fama zu Ohren gekommen und offenbar gemacht worden, das soll niemand für unbedacht, verwegen oder erdichtet achten, viel weniger aber als aus unserm Gutdünken hergeflossen und entstanden aufnehmen.

Der Herr Jehovah ist es, welcher – nachdem die Welt nunmehr fast den Feierabend erreicht und nach vollendetem Periodo oder Umlauf wieder zum Anfang eilet – den Lauf der Natur umwendet und, was hiervor mit großer Mühe und unablässiger Arbeit gesucht worden, jetzt denen, die es nicht beachten oder wohl nicht einmal daran denken, eröffnet. Andern aber, die es begehren, freiwillig anbietet und denen, die es nicht begehren, gleichsam aufzwingt, auf daß den Frommen zwar alle Mühsal des menschlichen Lebens gelindert und des unbeständigen Glücks Ungestüm aufgehoben, den Bösen aber ihre Bosheit und die darauf gehörigen Strafen vermehrt und gehäuft werden.

Obwohl wir keiner Ketzerei oder eines bösen Beginnens und Vornehmens wider das weltliche Regiment bei jemand verdächtig sein können, die wir sowohl des Orients als des Okzidents – verstehe: des Mohammed und des Papstes – Lästerung wider unsern Herrn Jesus

Christus verdammen und dem obersten Haupt des Römischen Reiches unser Gebet, Heimlichkeit und große Goldschätze gutwillig präsentieren und anbieten.

Jedoch hat es uns für ratsam und gut angesehen, um der Gelehrten willen noch etwas weiteres hinzuzutun und besser auszuführen, ob irgendetwas in der Fama zu tief verborgen und zu dunkel gesetzt oder aus gewissen Ursachen gar ausgelassen worden wäre, hiermit hoffend, die Gelehrten uns desto geneigter und zu unserm Vorhaben noch bequemer und williger zu machen.

Das 2. Kapitel

Von der Veränderung und der Verbesserung der Philosophie haben wir erklärt, daß nämlich dieselbe ganz krank und mangelhaft sei. Ja, es ist gar kein Zweifel bei uns, daß sie, obwohl der größere Teil fälschlicherweise vorgibt, daß sie – ich weiß nicht wie – gesund und stark sei, dennoch fast in den letzten Zügen liege und auf der Hinfahrt sei.

Gleichwie aber allgemein an demselben Ort, da etwa eine neue ungewöhnliche Krankheit entstanden, die Natur auch eine Arznei für dieselbe entdeckt, also erzeigen sich auch bei so mancherlei Krankheiten und Anfällen der Philosophie und wachsen hervor die einigen rechten und unserm Vaterland genugsam verträglichen Mittel, wodurch sie wiederum gesund werde und gleichsam ganz neu der Welt, die jetzt soll erneuert werden, vorkomme und erscheine.

Wir haben aber keine andere Philosophie als die, welche ist Haupt und Summe, Fundament und Inhalt aller Fakultäten, Wissenschaften und Künste, welche, wenn wir auf unser Jahrhundert sehen, viel von der

Theologie und Medizin, wenig aber von juristischer Weisheit begreift und zugleich Himmel und Erde fleißig durchsucht oder – kurz gesagt – welche den Menschen genugsam erkundigt und abbildet. Davon denn alle Gelehrten, die sich auf unser brüderliches Anmahnen und Berufen bei uns angeben und einstellen werden, mehr wunderbare Geheimnisse bei uns finden werden, als sie bisher erfahren, erkundigen, glauben und aussprechen konnten.

Das 3. Kapitel

Damit wir deshalb unsere Meinung hierüber kurz mitteilen, müssen wir uns mit allem Fleiß darum bemühen, daß man sich nicht allein über unsere Einladung und Anmahnung verwundere, sondern ein jeder auch wisse, daß wir solche Arkana (verborgene Weisheiten) und Geheimnisse nicht gering achten, es auch nicht ungerecht sei, daß die Kunde und Wissenschaft derselben vielen zugänglich gemacht werde.

Denn es ist ja wohl zu denken und zu glauben, daß dieses unser unverhofftes, gutwilliges Anbieten viele und mancherlei Gedanken bei den Leuten erwecken werde, welchen die Wunder der sechsten Zeit (gemäß der Offenbarung Johannis, Kap. 6, 12) noch nicht bekannt geworden oder welche wegen des Laufs der Welt die künftigen Dinge den gegenwärtigen gleich achten und durch allerhand Ungelegenheiten dieser ihrer Zeit verhindert werden, daß sie nicht anders in der Welt leben und wandeln als die Blinden, welche auch am hellen Tage nichts außer durch Fühlen und Angreifen zu unterscheiden und zu erkennen wissen.

Was nun das erste Stück anlangt, so meinen wir hierzu, daß die Meditationen, Erkundigungen und Erforschungen unseres geliebten christlichen Vaters (Christian Rosenkreuz) über all dasjenige, was von Anfang der Welt her vom menschlichen Verstand – entweder durch göttliche Revelation und Offenbarung oder durch der Engel und Geister Dienst oder durch Scharfsinnigkeit des Verstandes oder durch langwierige Beobachtung, Übung und Erfahrung erfunden, erdacht, hervorgebracht, verbessert und bis hierher propagiert oder fortgepflanzt worden, so vortrefflich, herrlich und groß sein, daß – ob schon alle Bücher sollten umkommen und durch des allmächtigen Gottes Verhängnis aller Schriften und aller Literatur Untergang vorgehen sollte – die Nachwelt dennoch aus demselben allein ein neues Fundament legen und ein neues Schloß oder eine neue Feste der Wahrheit wieder aufbauen könnte. Welches denn auch vielleicht nicht so schwer sein möchte, als daß man erst soll anfangen, das alte so unförmige Gebäude niederzureißen und zu verlassen und bald den Vorhof erweitern, bald den Tag in die Gemächer bringen, die Türen, Treppen und anderes, wie unsere Intention solches mitbringt, verändern.

Wem sollte nun aber dieses nicht angenehm sein, da es nur jedem kund werden möchte und nicht vielmehr als eine besondere Zier für die bestimmte künftige Zeit gehalten und gespart würde? Warum wollten wir nicht in der einigen Wahrheit, welche die Menschen durch so viele Irrwege und auf krummen Straßen suchen, herzlich gerne ruhen und bleiben, wenn es Gott gefallen hätte, das sechste Kandelaber (Leuchter aus Offb. 1, 12; 6, 20 als Sinnbild der Christenheit) nur uns alleine anzuzünden oder leuchten zu lassen? Wäre es nicht gut, wenn man sich weder um Hunger noch Armut, weder um Krankheit noch Alter zu sorgen und zu kümmern hätte?

Wäre es nicht ein köstlich Ding, wenn du alle Stunden so leben könntest, als wenn du von Anfang der Welt bisher gelebt hättest und noch ferner bis ans Ende derselben leben solltest? Wäre es nicht herrlich, wenn du an einem Ort so wohnen könntest, daß weder die Völker, die über dem Fluß Ganges in Indien wohnen, ihre Sache vor dir verbergen noch die, die in Peru leben, ihre Absichten dir verhalten könnten? Wäre es nicht ein köstlich Ding, wenn du in einem Buch so lesen könntest, daß du zugleich alles, was in allen Büchern, die jemals gewesen, noch sein oder kommen und veröffentlicht werden, zu finden gewesen, noch gefunden wird und jemals mag gefunden werden, lesen, verstehen und behalten möchtest?

Wie lieblich wäre es, wenn du so singen könntest, daß du anstatt der Steinfelsen nur Perlen und Edelgesteine an dich brächtest, anstatt der wilden Tiere die Geister zu dir locktest und anstatt des höllischen Pluto die mächtigen Fürsten der Welt erregtest und bewegtest?

O ihr Menschen, Gottes Rat ist viel anders, welcher beschlossen, die Zahl unserer Fraternität in jetziger Zeit zu vermehren und größer zu machen. Welches wir denn mit solcher Freudigkeit auf uns genommen, mit welcher wir zu diesen großen Schätzen ohne unser Verdienst, ja ohne einige unsere Hoffnung oder Verlangen hierbevor auch gekommen sind, und mit solcher Treue ins Werk zu richten gedenken, daß uns auch das Mitleiden und Erbarmen unserer eignen Kinder, die etliche unter uns in der Fraternität haben, davon nicht abwenden soll, weil wir wissen, daß diese unverhofften Güter weder ererbt noch erlangt werden mögen.

Das 5. Kapitel

Wenn nun jemand sein möchte, der im andern Teil über unsere Diskretion klagen wollte, daß wir unsere Schätze so freigebig und ohne Unterschied jedermann anbieten, und nicht vielmehr die Frommen, Gelehrten, Weisen oder hohen fürstlichen Personen als den gemeinen Mann dabei berücksichtigen, dem sind wir nicht zuwider, zumal solches nicht eine schlechte oder geringe Sache ist.

Aber wir sagen gleichwohl soviel, daß unsere Arkana und Heimlichkeiten keineswegs allgemein und bekannt gemacht werden, obwohl die Fama in fünf Sprachen hinausgegangen und jedermann geoffenbart worden ist, weil wir zum Teil wohl wissen, daß die groben, unverständigen und stupiden Naturen sich derer nicht annehmen oder besonders darum kümmern werden, und wir auch die Würdigkeit derer, die in unsere Fraternität aufgenommen werden sollen, nicht aus menschlicher Sorgfalt, sondern aus der Regel unserer Veröffentlichungen und Offenbarungen schätzen und erkennen.

Obschon deshalb schon die Unwürdigen tausendmal schreien und rufen, sich auch tausendmal uns offerieren und anbieten sollten, hat es doch Gott unsern Ohren geboten, daß sie keinen derselben hören sollen. Ja, es hat uns Gott auch mit seinen Wolken umgeben, daß uns, seinen Knechten, keine Gewalt angetan und zugefügt werden kann, daher wir denn auch von niemand, er habe denn Adlers Augen, gesehen und erkannt werden können.

Zwar mußte die Fama in eines jeden Muttersprache ausgefertigt werden, damit diejenigen nicht defraudiert und derselben Wissenschaft beraubt werden, welche, ob sie schon nicht gelehrt sind, Gott dennoch nicht ausgeschlossen hat von der Glückseligkeit dieser Bruderschaft, die in gewisse Grade soll unterschieden und abgeteilt werden. Wie diejenigen, die in der Stadt Damcar in Arabien wohnen, eine weit andere politische Ordnung haben als die andern Araber, weil nur weise und verständige Leute darin herrschen, welchen es vom König zugelassen ist, besondere Gesetze daselbst zu machen. Nach deren Exempel soll auch die politische Ordnung in Europa von uns hergestellt werden, wenn dasjenige wird eingetreten und geschehen sein, das vorausgehen soll, und wenn unsere Posaune mit hellem Schall und großem Geschrei öffentlich erschallen wird.

Wenn nämlich dasjenige, wovon bereits einige wenige murmeln und es als etwas Zukünftiges in Figuren und vergleichsweise heimlich andeuten, den ganzen Erdboden erfüllen und frei öffentlich ausgerufen werden wird. In demselben Maße wie hierbevor viele gottselige Leute des Papsts Tyrannei heimlich und ganz schüchtern angerührt und er hernach aus Deutschland mit großem Ernst und besonderem Eifer vom Stuhl gestoßen und kräftig mit Füßen getreten wurde. Sein endgültiger Untergang wird bis auf unsere Zeit aufgespart, daß er alsdann auch gleichsam mit den Nägeln zerkratzt und seinem Eselsgeschrei durch eine neue Stimme ein Ende gemacht werden soll. Wir wissen, daß es vielen Gelehrten in Deutschland schon ziemlichermaßen offenbar und bekannt wurde, in dem Maße ihre Schriften und heimliche Winke oder Glückwünsche solches genugsam bezeugen.

Wir könnten allhier wohl einführen und besehen die ganze Zeit, die vom Jahr 1378, in welchem Jahr unser christlicher Vater (Christian Rosenkreuz) geboren, bisher verflossen. Denn wir möchten wohl erzählen, was er die einhundertsechs Jahre seines Lebens über an Veränderungen in der Welt gesehen und unsern Brüdern wie auch uns selbst nach seinem glückseligen Abschied zu erfahren hinterlassen hat. Aber die Kürze, deren wir uns hier befleißigen müssen, läßt es diesmal nicht zu. Es kann vielleicht einandermal besser geschehen und ausgeführt werden. Jetzt ist es genug für die, die unsere Erinnerung nicht verachten, daß wir kürzlich dasjenige berührt haben, dadurch sie ihnen den Weg zu einer mit uns stärkeren Vereinigung oder näheren Verwandtschaft bereiten mögen.

Wem es zugelassen, daß er die großen Buchstaben und Kennzeichen, die Gott der Herr dem Himmelsgebäude und der Erden eingeschrieben und durch die Veränderung der Regierungen für und für erneuert hat, anschauen und zu seinem Unterricht gebrauchen kann, derselbe ist schon ziemlich nahe, auch wenn er von uns noch nichts weiß. Und wie wir wissen, daß er unseren Ruf nicht verachten wird, also soll er keinen Betrug befürchten, denn wir verheißen und sagen öffentlich, daß keinen seine Aufrichtigkeit und Hoffnung betrügen soll, der unter dem Siegel der Verschwiegenheit sich bei uns einstellen und unsere Gemeinschaft begehren wird.

Den falschen Heuchlern aber und denen, die etwas anderes als Weisheit suchen, sagen und bezeugen wir hiermit öffentlich, daß wir nicht offenbar gemacht und verraten werden können, viel weniger ohne oder wider den Willen Gottes gezwungen werden. Auf ihm aber wird die in unserer Fama angekündigte Drohung und Strafe sitzen bleiben. Also treffen ihre gottlosen Anschläge sie selber, während unsere Schätze unberührt bleiben, bis daß der Löwe (von Juda; d.h. Christus) kommen und dieselben für sich fordern, einnehmen, empfangen und zu seines Reichs Bestätigung anwenden wird (Offb. 5,5).

Das 7. Kapitel

Hier müssen wir demnach dies wohl merken und jedermann zu verstehen geben, daß Gott gewiß und eigentlich beschlossen hat, der Welt vor ihrem Untergang, welcher bald hernach erfolgen wird, noch eine solche Wahrheit, Licht, Leben und Herrlichkeit widerfahren zu lassen und zu geben, wie der erste Mensch Adam im Paradies verloren und verscherzt hat, da hernach seine Nachkommen mit ihm ins Elend verstoßen und vertrieben worden sind.

Wird also alle Dienstbarkeit (Knechtschaft), Falschheit, Lüge und Finsternis weichen und aufhören müssen, welche allgemach mit Umwälzung der großen Weltkugel in alle Künste, Werke und Herrschaften der Menschen sich eingeschlichen und dieselben zum größten Teil verdunkelt haben? Denn es ist eine so unzählige Menge von allerhand falscher Meinungen und Ketzereien entstanden, welche auch beinahe den allerweisesten Leuten die Entscheidung und Wahl schwer gemacht und nicht leicht unterschieden werden konnten, weil sie auf einer Seite durch das Ansehen der Philosophen und gelehrter Leute, auf der andern Seite aber durch die Wahrheit der Experienz und Erfahrung aufgehalten und irre gemacht worden. Welches alles, wenn es dermaleinst aufgehoben sein wird und wir nun sehen werden, daß an die Statt eine richtige und gewisse Regel eingeführt wurde, so wird zwar denen, die sich darin bemüht haben, die Danksagung gebühren, das ganze Werk aber an ihm selbst wird der Glückseligkeit unseres Jahrhunderts zugeschrieben werden müssen.

Gerne bekennen wir nun, daß viele vortreffliche Leute der zukünftigen Reformation mit Schriften an ihrem Teil nicht geringen Vorschub tun. Diese Ehre begehren wir uns gar nicht zuzuschreiben, als wenn ein solches Werk uns allein befohlen und aufgetragen wäre, sondern wir bekennen und bezeugen öffentlich mit dem Herrn Christus, daß wenn es an Exekutoren und Vollstreckern des göttlichen Rats mangeln sollte, die Steine ihre Dienste anbieten und zu wirken begännen.

Das 8. Kapitel

Gott der Herr hat schon etliche Botschaften vorhergesandt, die von seinem Willen zeugten, nämlich etliche neue Sterne, die am Himmel in den Sternbildern der Schlange und des Schwans entstanden. Welche denn als des großen Rats Gottes kräftige Zeichen jedermann bezeugen und zu erkennen geben, wie er zu all dem, was der Mensch erfindet, seine heimlichen, verborgenen Schriften und Merkzeichen dienlich sein läßt, damit das große Buch der Natur allen Menschen vor Augen und offen stehe, damit zumindest wenige dasselbe lesen und verstehen können.

Denn gleichwie dem Menschen zum Gehör zwei Organe, desgleichen auch zum Sehen zwei und zum Riechen zwei, aber nur eins zum Reden gegeben worden und man die Sprache von den Ohren, die Unterscheidung aber der Stimmen und der Töne von den Augen vergeblich erwartet, so sind (vergleichsweise) Epochen oder Zeiten gewesen, die gehört, gerochen und geschmeckt haben. Nun aber ist noch übrig, daß mit Abkürzung der Zeit der Zunge auch ihre Ehre gegeben und durch dieselbe – was man vorzeiten gesehen, gehört und gerochen hat – nun endlich einmal ausgesprochen werde, wenn die Welt nämlich die aus dem Kelch des Gifts und Schlummers empfangene Völlerei ausgeschlafen haben und der neu aufgehenden Sonne mit eröffnetem Herzen, entblößtem Haupt und nackten Füßen fröhlich und freudig entgegengehen wird.

Das 9. Kapitel

Solche Merkzeichen und Buchstaben, wie Gott sie da und dort der heiligen Bibel einverleibte, hat er auch dem wunderbaren Geschöpf Himmels und der Erden, ja aller Tiere ganz deutlich eingeprägt, daß eben auf solche Weise, wie ein Mathematiker und Sternseher die zukünftigen Finsternisse lange zuvor sehen kann, so auch wir die Verdunklungen und Verfinsterungen der Kirche, und wie lange sie währen sollen, wann sie abnehmen, erkennen können. Von welchen Buchstaben (der Schrift Gottes) wir unsere magischen Schriften entlehnt und uns eine neue Sprache geschaffen haben, in welcher die Natur aller Dinge ausgedrückt und erklärt wird. Es ist daher kein Wunder, daß wir in anderen Sprachen, die wir kennen, nicht so ausdrucksfähig sind, daß wir sie mit der Sprache unseres ersten Vaters Adam oder Henochs vergleichen könnten, nachdem sie durch die babylonische Sprachverwirrung ganz verdeckt worden ist.

Dieses müssen wir aber nicht unterlassen, daß solange noch etliche Adlerfedern unserm Vorhaben im Wege stehen und hinderlich sind, wir jedermann zu fleißiger und immerwährender Lesung der heiligen Bibel vermahnen. Denn wer an derselben all sein Gefallen hat, der soll wissen, daß er sich einen stattlichen Weg gemacht hat, zu unserer Fraternität zu kommen.

Denn gleichwie dies die ganze Summe und der Inhalt unserer Regel ist, daß kein Buchstabe in der Welt sein soll, welcher nicht wohl gefaßt und in acht genommen werde, so sind diejenigen uns ganz gleich und nahe verwandt, die das einzige Buch, die heilige Bibel, eine Regel ihres Lebens und alles Studierens Ziel und Zweck, ja der ganzen Welt Zusammenfassung und Inhalt sein lassen und dieselbe so gut gebrauchen, daß sie diese zwar nicht stets im Munde führen, ihren eigentlichen Sinn auf alle Zeiten und Alter der Welt jedoch anzuwenden an ihr auszurichten wissen.

Denn auch unser Gebrauch ist es nicht, die heilige Schrift zu prostituieren und gemein zu machen, da eine unzählige Menge der Ausleger gefunden wird, von denen etliche dieselbe ihrer Meinung anpassen, etliche aber verspotten, verschimpfen und boshafterweise mit einer wächsernen Nase vergleichen, damit sie gleichzeitig den Theologen, Philosophen, Medizinern und Mathematikern dienen könne. Dagegen bezeugen wir vielmehr, daß von Anfang der Welt kein vortrefflichereres, besseres, wunderbareres und heilsameres Buch den Menschen gegeben worden ist als eben die heilige Bibel. Und selig ist, wer dieselbe hat, noch seliger, der sie fleißig liest, am allerseligsten aber, der sie (erkenntnismäßig) ausstudiert. Und wer sie recht versteht, der ist Gott am allernächsten und ähnlichsten.

Das 11. Kapitel

Was aber in der Fama von der Verfluchung und Verabscheuung der Betrüger wider die Verwandlung der Metalle und der höchsten Medizin in der Welt gesagt worden ist, das wollen wir so verstanden haben, daß diese so vortreffliche Gabe Gottes keineswegs von uns vernichtet oder verkleinert werde. Sondern weil sie nicht allezeit die Erkenntnis der Natur mit sich bringt, diese aber sowohl die Medizin als auch sonst unzählig viele andere Geheimnisse und Wunder eröffnet, so ist es billig, daß man sich am allermeisten das Verständnis und die Wissenschaft der (Natur-)Philosophie zu erlangen befleißigt. Demnach sollen vortreffliche Ingenia (Sachkenner) nicht eher zur Tinktur der Metalle hingeführt werden, bis sie zuvor in der Erkenntnis der Natur wohl geübt haben.

Der muß ja wohl ein unersättlicher Mensch sein, der so weit kam, daß ihm keine Armut, Ungemach oder Krankheit schaden kann, ja welcher gleichsam höher als alle Menschen erhoben über dasjenige herrscht, wovon andere Leute gequält, geängstigt und gepeinigt werden, und sich doch erst darum wieder zu nichtigen Dingen wendet, Häuser baut, Krieg führt oder sonst seinem Stolz nachgibt, weil von Gold und Silber eine unerschöpfliche Quelle vorhanden ist.

Gott hat es ganz anders gefallen, denn er erhöhet die Niedrigen, aber die Hoffärtigen straft er mit Verachtung. Denen, die still und sparsam mit Worten sind, schickt er die heiligen Engel, daß sie mit ihm Zwiesprache halten. Aber die unnützen Schwätzer verstößt er in die Wüste und Einöde. Das ist auch der rechte Lohn des römischen Verführers, welcher seine Gotteslästerung mit vollem Halse wider Christus ausspie, noch dazu bei hellem Licht, als in Deutschland seine Greuel und abscheuliche Hölle alle entdeckt wurden, er, der von seiner Lüge nicht absteht, damit er das Maß der Sünden nur ja erfülle und früh genug seine Strafe bekomme. Einmal wird deshalb eine Zeit kommen, da diese Otter zu pfeifen aufhört und die dreifache Krone zunichte gemacht werden wird, wie hiervon bei unserer Zusammenkunft eingehender und eigentlicher gehandelt werden soll.

Das 12. Kapitel

Zum Beschluß unserer Konfession müssen wir noch an dies mit Fleiß erinnern, daß man wegtun soll – wenn nicht alle, so doch die meisten Bücher der falschen Alchymisten, welche es für einen Scherz und Kurzweil halten, wenn sie entweder der heiligen, hochgelobten Dreifaltigkeit zu unnützen Dingen mißbrauchen oder mit wunderseltsamen Figuren und dunklen verborgenen Reden die Leute betrügen und die Einfältigen ums Geld bringen. Viele solcher Bücher sind zu dieser Zeit hinausgegangen und an den Tag gekommen, Bücher, welche alle der Feind menschlicher Wohlfahrt zu dem Zweck unter den guten Samen vermischt, daß man desto schwerer an die Wahrheit glaubt, zumal diese schlicht, einfältig und bloß, die Lüge aber prächtig, stattlich, ansehnlich und mit einem besondern Schein göttlicher und menschlicher Weisheit geschmückt ist.

Meidet und fliehet dieselben Bücher, die ihr gewitzt seid, und wendet euch zu uns, die wir nicht euer Geld suchen, sondern unsere großen Schätze euch gutwillig anbieten. Wir stellen euren Gütern nicht nach mit erdichteten, lügenhaften Tinkturen, sondern wir begehren euch unserer Güter teilhaftig zu machen. Wir reden nicht mit euch durchs (verschlüsselte) Sprichwort, sondern wollen euch gern zur schlichten, einfältigen und ganz verständlichen Auslegung und Erklärung und Wissenschaft aller Geheimnisse anführen.

Wir begehren nicht, von euch auf- und angenommen zu werden, sondern wir laden euch in unsere mehr als königlichen Häuser und Paläste ein. Und das alles nicht aus eigenem Gutdünken, sondern – daß ihr's wißt – auf Antrieb des Geistes Gottes, von Gott dazu ermahnt und gemäß der Forderung der heutigen Zeit dazu genötigt.

Das 13. Kapitel

Was meint ihr nun, liebe Leute, und wie ist euch zumute, nachdem ihr jetzt versteht und wißt, daß wir uns zu Christus lauter und rein bekennen, den Papst verdammen, der wahren Philosophie zugetan sind, ein christliches Leben führen und zu unserer Gesellschaft noch viele andere, denen eben dieses Licht von Gott auch erschienen, täglich berufen, einladen und bitten? Denkt ihr nicht auch daran, wie ihr in Erwägung der Gaben in euch und der Erfahrung, die ihr in Gottes Wort habt, neben fleißiger Betrachtung der Unvollkommenheit aller Künste und vieler ungereimter Sachen in denselben endlich mit uns anfangen mögt, nach der Verbesserung zu trachten, Gott stille zu halten und euch in die Zeit, in welcher ihr lebt, recht zu schicken?

Fürwahr, wenn ihr das tun werdet, wird euch dieser Nutzen daraus erwachsen, daß alle Güter, die die Natur an allen Orten der Welt in wunderbarer Weise ausgestreut hat, euch zugleich miteinander verliehen und mitgeteilt werden; wie ihr denn auch alles, was den menschlichen Verstand verdunkelt und dessen Wirkung verhindert, werdet ebenso leicht ablegen und abschaffen können wie alle (überflüssig gewordenen Begriffe der Planetentheorie vor Kopernikus).

Das 14. Kapitel

Welche aber vorwitzig sind und entweder von dem Glanz des Goldes verblendet oder – um eigentlicher davon zu reden – welche jetzt zwar fromm sind, aber durch den unverhofften Zufall so vieler Güter leicht verderbt und angeregt werden, sich dem Müßiggang zu ergeben und ein üppiges, übermütiges Leben anzutreten – dieselben sollen gebeten sein, daß sie uns mit ihrem unzeitgemäßen Geschrei nicht unruhig machen. Sondern sie sollen bedenken, ob es schon eine Arznei gibt, die alle Krankheiten heilt, und andererseits diejenigen, die Gott beschlossen hat, mit Krankheiten zu plagen und unter der Rute (des Schicksals) zu halten, zu derselben Arznei nimmermehr kommen mögen. Weiter, ob auch wir, die wir die ganze Welt reich und gelehrt machen und von unsäglichem Jammer befreien wollen, wir doch keinem Menschen ohne Gottes besondere Schickung nimmermehr offenbar und bekannt werden mögen. Ja, es geht so weit, daß niemand uns ohne oder wider den Willen Gottes finden und unserer Guttaten teilhaftig werden kann, daß er über dem Suchen und Nachforschen eher das Leben verliert, als daß er uns findet und so zu der gewünschten Glückseligkeit der Fraternität des Rosenkreuzes gelangt.

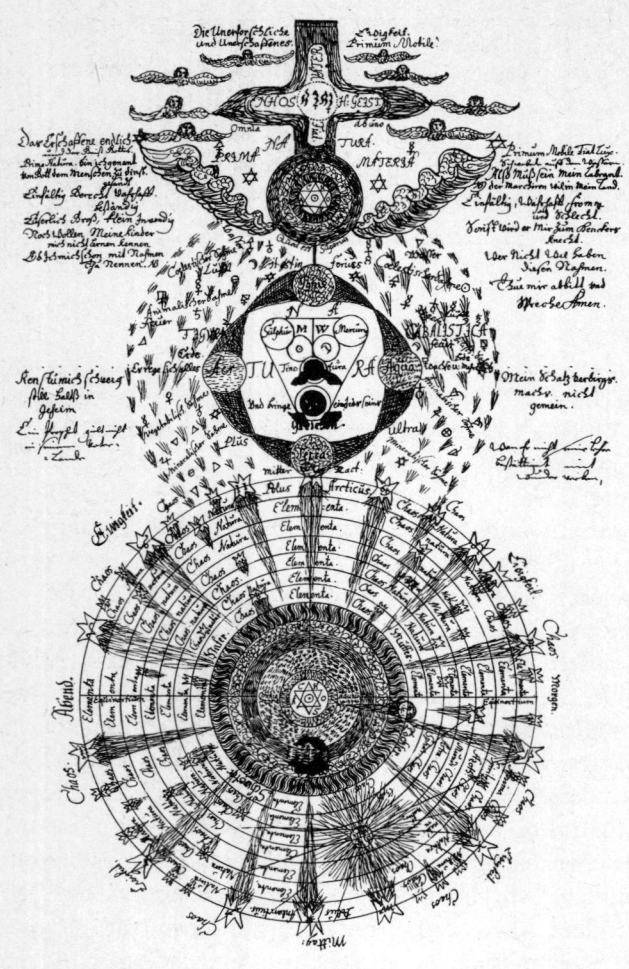

Alles von Einem – Die Dreifaltigkeit – Elementenlehre und Ordnung aller Dinge

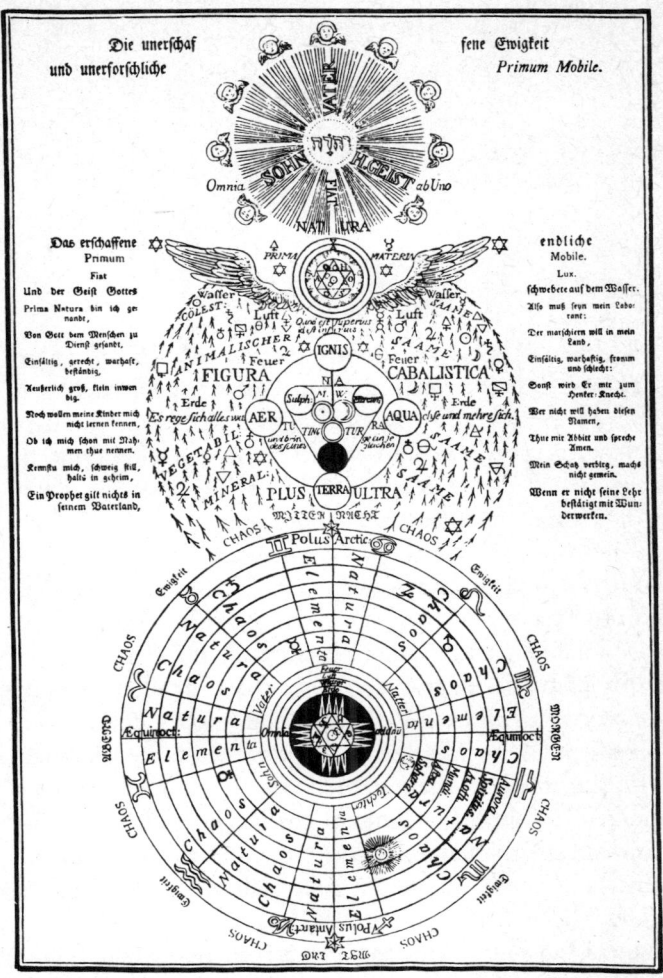

Das System der Welt, wie es die Rosenkreuzer sehen (hier in der gedruckten Fassung)

Chymische Hochzeit
Christiani Rosenkreuz: Anno 1459

Straßburg 1616

Erster Tag

An einem Abend vor dem Ostertag saß ich an einem
Tisch. Ich hatte mich meiner Gewohnheit nach mit
meinem Schöpfer in meinem demütigen Gebet genugsam ausgesprochen und vielen großen Geheimnissen,
deren mich der Vater des Lichts, seine Majestät, nicht
wenige hat sehen lassen, nachgedacht. Als ich mir nun
meinem lieben Osterlämmlein ein ungesäuertes, unbe-
flecktes Küchlein in meinem Herzen zubereiten wollte,
kommt mit einem Mal ein so grausamer Wind daher,
daß ich nicht anders meinte, als daß der Berg, darein
mein Häuslein gegraben ist, vor der großen Gewalt
zerspringen müßte. Weil mir aber solches der Teufel,
der mir manches Leid getan, nichts antat, faßte ich einen
Mut und blieb in meiner Meditation, bis mich – wider
meine Gewohnheit – jemand am Rücken berührte, davon ich dermaßen erschrocken, daß ich mich kaum
umsehen traute; dennoch stellte ich mich freudig, als
menschliche Schwachheit bei dergleichen Sachen sein
kann. Und wie mich das Ding zu etlichen Malen beim
Rock zupfte, sah ich mich um. Da war es ein herrlich
schönes Weibsbild, deren Kleid ganz blau und mit goldenen Sternen, wie der Himmel, zierlich besetzt gewesen.

   In der rechten Hand trug sie eine güldene Posaune,

in die ein Name eingeprägt gewesen, den ich wohl lesen konnte, den zu offenbaren mir hernach verboten wurde. In der linken Hand hatte sie ein großes Bündel Briefe in allerlei Sprachen, die sie, wie ich hernach erfahren, in alle Lande tragen mußte. Sie hatte aber auch Flügel, große und schöne, voller Augen durch und durch, mit denen sie sich aufschwingen und schneller denn ein Adler fliegen konnte. Ich hätte vielleicht noch mehr an ihr bemerken können. Aber weil sie so kurz bei mir geblieben und noch aller Schreck und Verwunderung in mir gesteckt, muß ich's sein lassen.

Denn sobald ich mich umgewendet, blätterte sie ihre Briefe hin und her. Endlich zog sie ein kleines Brieflein heraus, welches sie mit großer Reverenz auf den Tisch legte und ohne ein einziges Wort von mir wich. Im Aufschwingen aber hat sie so kräftig in ihre schöne Posaune gestoßen, daß der ganze Berg davon widerhallte und ich fast eine Viertelstunde mein eigenes Wort kaum mehr hörte.

In solchem unversehenem Abenteuer wußte ich Armer mir selbst weder zu raten noch zu helfen, fiel deswegen auf meine Knie und bat meinen Schöpfer, er wolle mir nichts wider mein ewiges Heil zustoßen lassen. Darauf ging ich mit Furcht und Zittern zu dem Brieflein. Das war so schwer, daß, wäre es lauteres Gold gewesen, es kaum so schwer hätte sein können. Wie ich es nun fleißig besah, fand ich ein Siegel, mit dem es zugemacht war. Darauf war ein zartes Kreuz mit der Inschrift: In hoc signo vinces. (In diesem Zeichen wirst du siegen.)

Sobald ich nun das Zeichen gefunden, wurde ich getroster, da ich nun wußte, daß ein solches Siegel dem Teufel nicht gerade angenehm, viel weniger gebräuchlich wäre. Ich machte deswegen das Brieflein vorsichtig auf. Darinnen fand ich auf blauem Grund mit goldenen Buchstaben folgende Verse geschrieben:

Heut, heut, heut
Ist des Königs Hochzeit.
Bist du hierzu geboren,
Von Gott zu Freud erkoren,
Magst auf den Berg du gehen,
Darauf drei Tempel stehen,
Daselbst die Gschicht besehen.
Halt Wacht,
Dich selbst betracht.
Wirst dich nicht fleißig baden,
Die Hochzeit kann dir schaden.
Schad hat, wer hier verzeucht,
Hüt sich, wer ist zu leicht.

Untenan stand: Sponsus und Sponsa (Braut und Bräutigam).

Da ich nun diesen Brief gelesen, wurde mir zuerst ganz schwindelig. Alle Haare gingen mir zu Berge, und es lief mir der kalte Schweiß über den ganzen Leib herab, obwohl ich merkte, daß diese die angekündigte Hochzeit wäre, von der mir vor sieben Jahren in einem leiblichen Gesicht gesagt wurde, auf welche ich nun so lange Zeit mit großem Verlangen wartete.

Obwohl ich das Datum durch fleißiges Nachrechnen und Kalkulieren der betreffenden Planeten gefunden, hätte ich doch nimmermehr vermutet, daß dies mit so schweren Bedingungen verbunden sein würde. Denn da ich zuvor gemeint, ich dürfte nur gerade bei der Hochzeit erscheinen, da ich willkommen und lieber Gast sein würde. Jetzt aber weist es mich auf göttliche

Vorsehung, deren ich doch diesfalls nimmer gewiß bin. Jetzt mußte ich in mir feststellen, daß nichts als großer Unverstand und Blindheit in geheimen Sachen sei, auch daß ich nicht verstehen konnte, was mir unter den Füßen gelegen und womit ich täglich umgegangen bin. Noch weniger verstand ich, daß ich sollte zur Erforschung und Erkenntnis der Naturgeheimnisse geboren sein, weil meines Erachtens die Natur allerwegs einen tugendhaften Discipel (Schüler) hätte finden mögen, dem sie ihren teuren, gleichwohl zeitlichen und vergänglichen Schatz vertraute.

So fand ich auch, daß mein Leib und äußerlicher guter Wandel und brüderliche Liebe gegen meinen Nächsten auch nicht recht gereinigt und gesäubert wäre. So erzeigte sich auch noch des Fleisches Trieb, welchem sein Sinn nur zu hohem Ansehen und weltlicher Pracht, nicht aber dem Mitmenschen zugut stand, und immer gedachte: Wie könnte ich durch solche Kunst meinen Nutzen in kurzem trefflich befördern, stattliche Gebäude aufführen, mir einen ewigen Namen in der Welt machen und was dergleichen fleischliche Gedanken mehr sind. Sonderlich aber bekümmerte mich das dunkle Wort von den drei Tempeln, die ich mit keinem Nachdenken zuwege bringen konnte. Auch vielleicht deshalb nicht, weil mir selbiges noch nicht eröffnet worden.

Wie ich nun in solcher Furcht und Hoffnung steckte, alles hin und her erwog, aber nur meine Schwachheit und Unzulänglichkeit entdeckte, also keinen Weg fand, um mir selbst zu helfen, mich auch angesichts des mir Zugetrauten heftig entsetzte, da schlug ich endlich den mir gewohnten, zugleich sichersten Weg ein: Ich legte mich nach vollendetem ernstlichem und eifrigem Gebet in mein Bett. Vielleicht würde mein guter Engel aus göttlichem Ratschluß erscheinen, (zumal) in diesem Zustand des Zweifels, und mir – wie schon einige Male geschehen – berichten, was Gott zum Lobe und mir zum Besten, meinem Nächsten aber zu getreulicher und herzlicher Warnung und Besserung geschehen könne.

Kaum eingeschlafen, dünkte mir, ich läge in einem finsteren Turm neben unzähligen anderen an großen Ketten gefangenen Menschen. Darinnen waren wir ohne alles Licht und wimmelten wie Bienen übereinander. So machte einer dem anderen die Trübsal noch schwerer. Wiewohl nun weder ich noch unser einer irgend etwas sehen konnte, hörte ich doch immer einen über den andern sich erheben, (als ob dadurch) unsere Ketten oder Fesseln auch nur das geringste leichter würden. Wir konnten uns aber nicht erheben, weil wir wie eine Traube zusammenhingen.

Wie ich nun in solcher Trübsal mit den andern eine gute Weile verharrte und immer einer den anderen einen Blinden und Gefangenen gescholten, hörten wir endlich viele Trompeten blasen. Auch die Heerestrommeln wurden so kunstfertig geschlagen, daß es uns doch in unserm Kreuz erquickte und erfreute. Unter solchem Getön wurde der Deckel oben am Turm aufgehoben und ein wenig Licht hereingelassen. Da hätte man uns erst recht sehen sollen, wie wir durcheinanderpurzelten. Denn da ging alles durcheinander; es mußte etwa der, der sich zuviel erhoben, andern unter die Füße kommen. Ergebnis: Ein jeder wollte der oberste sein. Auch ich selbst säumte nicht und versuchte, zwischen den andern mit meinen schweren Ketten herauszusteigen, wobei ich mich an einem Stein festhielt, den ich erwischt, und mich an ihm erhoben, wiewohl ich auch da etliche Male von anderen angegriffen wurde. Ich wehrte mich alleweg, so gut ich es vermochte, mit Hän-

den und Füßen, denn wir meinten nichts anderes, als
daß wir alle freigelassen würden. Doch ganz anderes ist
geschehen.

Denn nachdem sich die Herren, die von oben her
durch das Loch des Turmes auf uns herabgeschaut,
durch solches Zappeln und Gewinsel ein wenig belu-
stigt hatten, hieß uns ein alter eisgrauer Mann still sein.
Und wie er dies gesagt, fing er an – ich habe es noch
behalten – also zu reden:

Wenn sichs nicht tät erheben
Das arm menschlich Geschlecht,
Wär ihm viel Guts gegeben
Von meiner Mutter recht.
Weils aber nicht will folgen,
Bleibt es in solchen Sorgen
   Und muß gefangen sein.

Noch will mein liebe Mutter
Ansehn ihr Unart nicht,
Läßt ihre schönen Güter
Zuviel kommen ans Licht,
Wiewohl solchs gschieht gar selten,
Damit sie auch was gelten,
   Man hälts sonst für Gedicht.

Darum dem Fest zur Ehre,
Welchs wir heut feiern nun,
Daß man ihr Gnad vermehre,
Ein gut Werk will sie tun.
Das Seil wird man jetzt senken,
Wer sich daran wird henken,
   Derselb soll werden los.

Wie er nun dies kaum ausgeredet, befahl die alte Frau ihren Dienern, das Seil in den Turm zu sieben Malen hinabzulassen, und wer daran hängen würde, heraufzuziehen.

O wollte Gott, ich könnte gnugsam beschreiben, was für eine Unruh sich da unter uns erhoben, denn jeder wollte an das Seil gelangen, dabei hinderte doch einer nur den andern. Es war aber nach sieben Minuten mit dem Glöcklein ein Zeichen gegeben. Darauf zogen die Diener beim ersten Mal vier heraus. Da konnte ich beiweitem noch nicht zum Seil kommen, als ich mich, wie gesagt, zu meinem größten Unglück an der Wand des Turms auf einen Stein begeben und deswegen zum Seil in der Mitte nicht gelangen konnte.

Zum andern Mal wurde das Seil hinabgelassen. Aber weil manchem die Ketten zu schwer und die Hände zu schwach gewesen, konnte er sich am Seil nicht festhalten, sondern schlug noch manchen, der es (knapp) erreicht hatte, mit sich hinab. Ja, es wurde wohl noch mancher von einem andern herabgerissen, der selbst nicht dahin kommen konnte. In unserm großen Elend waren wir noch aufeinander neidisch. Die aber dauerten mich am allermeisten, denen ihr Gewicht so schwer gewesen, daß es ihnen die Hand aus dem Leib gerissen und so nicht hinaufkommen konnten.

So kams, daß zu den fünf Malen gar wenige hinaufgezogen wurden. Denn sobald das Zeichen ward gegeben, waren die Diener mit dem Hinaufziehen so schnell, daß der größere Teil über den andern purzelte, sonderlich beim fünften Mal, als das Seil ganz leer hinaufgezogen wurde, weshalb der größere Teil, auch ich selbst, an unserer Befreiung zweifelte und Gott anrief, er wolle sich unser erbarmen und uns aus dieser Finsternis erlösen. Etliche unter uns erhörte er. Denn da das

Seil zum sechsten Mal kam, hingen sich ihrer etliche fest daran. Und weil das Seil beim Hinaufziehen hin und her schwankte, ist es – wohl aus göttlichem Willen – zu mir gefahren. Schnell erhaschte ich es, setzte mich zuoberst auf alle anderen und konnte endlich hoffen herauszukommen, was mich hoch erfreute. So habe ich die Wunden, die ich beim Hinaufziehen von einem spitzen Stein am Kopf empfangen, nicht empfunden.

Mit andern Befreiten konnte ich den siebenten und letzten Zug tun helfen, daß mir von der Arbeit das Blut über mein ganzes Kleid triefte, welches ich vor Freude nicht achtete. Wie nun auch der letzte Zug, daran noch am allermeisten gehangen, vollendet war, ließ die Frau das Seil hinwegtun und ihren uralten Sohn, dessen ich mich höchlich verwunderte, den andern Gefangenen folgenden Bescheid geben. Nach wenigem Bedenken redete er sie also an:

Ihr lieben Kinder,
Die ihr hier seid,
Es ist vollendet.
Was längst erkannt:
Was meiner Mutter große Gnad
Euren Leiden hier erwiesen hat,
Das sollt ihr ihnen nicht mißgönnen.
Eine fröhliche Zeit, die soll bald kommen.
Darin wir einer dem andern gleich.
Keiner wird sein arm oder reich.
Wem viel befohlen,
Der muß viel holen.
Wem viel anvertraut,
dem gehts an die Haut.
Drum lasset eure große Klag,
Was ist es um nur wen'ge Tag!

Sobald er die Worte vollendet, ward der Deckel wieder zugetan und verschlossen. Und das Trompeten und Heertrommeln hob wieder an. So laut konnte aber der Ton nicht sein, man hörte noch der Gefangenen bittere Klage aus dem Turm heraus. Das trieb auch mir bald die Tränen in die Augen.

Bald setzte sich die alte Frau mit ihrem Sohn auf bereitgestellte Sessel nieder und befahl, die Erlösten zu zählen. Wie sie nun die Zahl vernommen und auf ein goldgelbes Täfelchen geschrieben, begehrte sie eines jeden Namen, welche auch von einem Knäblein aufgeschrieben wurden. Wie sie uns nun nacheinander ansah, seufzte sie und sprach zu ihrem Sohn, daß ichs wohl hören konnte: Ach, wie dauern mich die armen Menschen im Turm so sehr. Wollte Gott, ich dürfte sie alle erlösen. – Darauf antwortete der Sohn: Mutter, so ists von Gott verordnet. Dem sollen wir nicht widerstreben. Wenn wir alle Herren wären und alles Gut hätten auf Erden und würden dann die zu Tisch sitzen, wer wollte uns dann bringen zu essen? – Darüber schwieg die Mutter.

Aber bald darauf sagte sie: Nun, so laßt doch diese von ihren Fesseln befreien. – Welches dann auch schnell geschehen. Ich war der letzte. Nun konnte ich mich nicht zurückhalten; ohne auf andere zu sehen, neigte ich mich vor der alten Frau und dankte Gott, der mich durch sie aus solcher Finsternis ans Licht gnädig und väterlich bringen wollte. Auch andere taten es nach mir und verneigten sich vor der Frau.

Endlich wurde einem jeden ein güldener Denk- und Zehrpfannig gegeben, auf dessen einer Seite war das Bild der Sonne, wie sie aufgeht, geprägt, auf der anderen Seite standen nach meiner Erinnerung diese drei Buchstaben:

D.L.S.

Damit wurde einem jeden Abschied gegeben und zu seinem Tun geschickt, mit dem Auftrag, wir sollten zu Gottes Lob, unserm Nächsten zum Nutzen (leben), und was uns anvertraut, verschwiegen halten, welches wir auch zu tun versprachen. So schieden wir voneinander. Ich aber konnte wegen der Wunden, die mir die Fesseln gemacht, nicht gut vorankommen, sondern hinkte an beiden Füßen. Das bemerkte alsbald die Alte, lachte darüber, rief mich zu sich und redete mich an: Mein Sohn, laß dich diesen Mangel nicht bekümmern, sondern erinnere dich deiner Schwachheiten und danke dabei Gott, der dich zu so hohem Licht noch auf dieser Welt und im Stande deiner Unvollkommenheit kommen ließ. Behalte diese Wunden um meiner wegen (wert).

Darauf erhoben sich abermals die Trompeten. Sie erschreckten mich dermaßen, daß ich erwachte und erst merkte, daß es nur ein Traum war, welcher mir doch so stark im Sinn gelegen, daß ich mich noch immer besorgt des Turms erinnere und die Wunden an den Füßen empfinde.

Nach alledem verstand ich wohl, daß mir von Gott vergönnt war, jener heimlichen und verborgenen Hochzeit beizuwohnen, weswegen ich seiner göttlichen Majestät mit kindlichem Vertrauen hierfür dankte und bat, er wolle mich ferner also in seiner Furcht erhalten, mein Herz täglich mit Weisheit und Verstand erfüllen und mich endlich ohne mein Verdienst gnädig zum erwünschten Ziel bringen.

Darauf rüstete ich mich auf den Weg, zog meinen weißen Leinenrock an, umgürtete meine Lenden mit einem blutroten Band, kreuzweise über die Schultern gebunden. Auf meinen Hut steckte ich vier rote Rosen, damit ich unter dem Haufen (der Menschen) durch solche Zeichen desto besser bemerkt würde. Zur Speise nahm ich Brot, Salz und Wasser, dessen ich mich dann, auf Rat eines Verständigen und nicht ohne Nutzen zu gegebener Zeit bedient habe.

Ehe ich aber aus meinem Hüttlein gewichen, fiel ich samt Ausrüstung und Hochzeitskleid auf die Knie und bat Gott, daß, was sich auch begebe, er mir zu einem guten Ende gereichen lassen wolle. Auch hab ich darauf vor Gottes Angesicht gelobt, daß, was mir durch seine Gnad eröffnet worden war, ich nicht zu meiner Ehre noch Ansehen in der Welt, sondern zu seines Namens Förderung und im Dienste des Mitmenschen gebrauchen wolle. Und mit solchem Gelübde und guter Hoffnung voll mit Freuden bin ich aus meiner Zelle geschieden.

Zweiter Tag

Kaum war ich aus meiner Zelle in den Wald gekommen, da schien es mir, als habe sich der ganze Himmel und alle Elemente zu solcher Hochzeit geschmückt. Denn auch die Vögel sangen meines Erachtens lieblicher als zuvor. Es sprangen die jungen Hirschlein so freudig daher, daß sie mein altes Herz erfreuten und zu singen bewegten. Mit lauter Stimme fing ich also an zu singen:

Freu dich, du liebes Vögelein,
Dein Schöpfer hoch zu loben.
Dein Stimm erheb nun hell und fein,
Dein Gott ist hoch erhoben.

Dein Speis hat er dir vorbereit,
Gibt dirs zu recht bequemer Zeit.
  Daran laß dir genügen.

Was willst du noch unlustig sein,
Was über Gott erzürnen,
Daß er dich heißt ein Vöglein sein,
Willst dir den Kopf verwirren,
Daß er dich nicht als Mensch gemacht.
O schweig, er hat es wohlbedacht,
  Daran laß dir genügen.

Was mach ich armer Erdenwurm,
Wenn ich mit Gott wollt rechten,
Daß ich so in den Himmel stürm
Mit großer Kunst zu fechten.
Gott will sich ja nicht zwingen lahn;
Wer hier nicht taugt, mach sich davon,
  O Mensch, laß dir genügen.

Daß er dich nicht zum Kaiser macht,
Das laß du dich nicht kränken.
Sein Namen hättest du veracht,
Das war wohl sein Bedenken.
Die Augen Gottes heller sein,
Er sieht dir gar ins Herz hinein,
  Gott wirst du nicht betrügen.

Dies sang ich von Grund meines Herzens durch den
Wald, daß es allenthalben erschallte und die Berge mir
die letzten Worte widerhallten, bis ich endlich eine
schöne grüne Heide erblickte. Ich verließ den Wald und
ging dorthin. Auf dieser Heide standen drei hohe schöne
Zedernbäume, welche mir mit ihrer Breite einen herr-

lichen und erwünschten Schatten gaben, dessen ich mich herzlich erfreute. Denn ob ich wohl noch nicht weit gegangen war, machte mich das große Verlangen ziemlich müde, weshalb ich den Bäumen zueilte, um ein wenig darunter zu ruhen. Als ich aber näher hinkam, sah ich ein Täfelein an einen Baum geheftet, auf welchem ich mit zierlichen Buchstaben (in lateinischer Sprache) folgende Worte geschrieben fand:

«Sei gegrüßt, Fremdling! Wenn du schon etwas von der Hochzeit des Königs gehört hast, so denke genau über diese Worte:

Vier Wege bietet der Bräutigam durch uns zur Wahl an, auf denen du zu seinem königlichen Palast gelangen kannst, sofern du dich nicht auf Abwege verläufst.

Der erste ist kurz, aber gefährlich. Er führt dich auf zahlreiche Felsklippen hinaus, von denen es dir kaum möglich sein wird, wieder herunterzukommen. – Der zweite ist länger, er führt dich herum, aber nicht auf Abwegen. Er ist eben und leicht zu finden, wenn du dich mit Hilfe des Magneten weder nach rechts noch nach links ablenken läßt. – Der dritte ist der Königsweg. Durch allerlei Kurzweil und Schauspiele unseres Königs wird er dir angenehm gemacht. Bisher ist er aber kaum dem Tausendsten zuteil geworden. – Auf dem vierten Weg ist es keinem Sterblichen gestattet, zum Königtum hindurchzudringen, denn auf ihm zu gehen, ist nur Wesen mit unzerstörbaren Körpern möglich.

Wähle nun von den dreien denjenigen aus, den du willst und bleibe dabei. Denn wisse, welchen Weg du auch betreten magst, nach dem unabänderlichen Ratschluß des Schicksals, das dir bestimmt ist, bleibt es dir bei höchster Lebensgefahr verboten, auf dem einmal betretenen Weg wieder umzukehren.

Das ist es, was wir dir zu wissen geben. Aber hüte dich! Du weißt nicht, unter welchen Gefahren du dich auf diesen Weg begibst. Denn wenn du dich auch nur des allerkleinsten Vergehens gegen die Gesetze unseres Königs schuldig machst, dann beschwöre ich dich, kehre – solange es noch gestattet ist – auf dem einge-schlagenen Wege, auf dem du gekommen bist, mög-lichst rasch wieder nach Hause zurück!»

Sobald ich nun diese Schrift gelesen, war mir schon alle Freude wieder dahin. Und der ich zuvor fröhlich gesungen, fing ich nun an, inniglich zu weinen, denn ich sah gleichwohl alle drei Wege vor mir. Ich wußte auch, daß mir nach der Zeit erlaubt wäre, mir einen Weg zu erwählen. Weiter besorgte ich, auf den steini-gen und felsigen Weg zu kommen und tödlich zu stür-zen. Oder falls mir der lange Weg bestimmt wäre, ich könnte mich entweder durch Abwege verirren oder sonstwie auf der weiten Reise umkommen. So durfte ich auch nicht hoffen, daß unter tausend gerade ich der sein sollte, der den königlichen Weg erwählt. Den vier-ten Weg sah ich gleichwohl vor mir, aber er war mit Feuer und Dampf dermaßen umgeben, daß ich bei wei-tem nicht herzunahen durfte.

So bedachte ich mich hin und her, ob ich wieder umkehren oder der Wege einen beschreiten sollte. Auch meine Unwürdigkeit bedachte ich wohl. Aber mich tröstete der Traum, in dem ich aus dem Turm befreit worden. Und doch durfte ich mich nicht kühn auf den Traum verlassen, weswegen ich mich so lange hin und her besann, bis mir vor großer Mattigkeit Hunger und Durst in den Bauch kamen. Alsbald zog ich mein Brot hervor und schnitt es auf. Das sah eine schneeweiße Taube, die auf dem Baum gesessen, die ich nicht wahrgenommen. Sie ist ihrer Gewohnheit nach zu mir herabgeflogen und hat sich zutraulich zu mir gesetzt. Mit ihr habe ich meine Speise geteilt. Die nahm sie an, und ich wurde durch die Schönheit (der Taube) wieder ein wenig erquickt.

Sobald das aber ihr Feind, ein schwarzer Rabe sah, schoß er gleich auf die Taube zu. Er wollte nicht meinen Teil, sondern den der Taube nehmen. Diese konnte sich nicht anders als durch die Flucht erwehren. Beide flogen gen Mittag, was mich dermaßen erzürnte und betrübte, daß ich dem losen Raben nacheilte und fast eine Ackerlänge weit in dieser Richtung nachlief, den Raben vertrieb und die Taube erlöste. Da merkte ich erst, daß ich unbesonnen gehandelt und auf einen Weg gekommen, von dem ich nicht wieder ohne Gefahr großer Strafe weichen durfte.

Wiewohl ich mich etlichermaßen hätte trösten können, wurde ich doch gewahr, daß ich mein Säcklein und Brot bei dem Baum gelassen und es nicht mehr holen konnte. Denn sobald ich mich umkehrte, war mir ein so starker Wind zuwider, der mich leicht zu Fall brachte; ging ich aber auf dem Weg fort, so merkte ich ganz und gar nichts. Daraus konnte ich leicht schließen, es würde mich das Leben kosten, wenn ich mich wider den Wind stellte. Deswegen nahm ich mein Kreuz geduldig auf mich, stellte mich auf die Füße und gedachte, da es doch sein mußte, dahin zu gelangen, noch vor der Nacht anzukommen.

Wiewohl sich nun mancher Abweg zeigte, nahm ich doch stets meinen Kompaß zu Hilfe, um keinen Schritt von der Mittagslinie zu weichen, obgleich der Weg manchmal rauh und ungebahnt war und ich nicht wenig über ihn verzweifelte. Unterwegs dachte ich ständig an die Taube und den Raben, konnte (deren Bedeutung) aber nicht herausfinden.

Endlich sah ich von weitem auf einem hohen Berg ein schönes Portal, dem ich dann ungeachtet der großen Entfernung von meinem Weg zueilte, weil sich die Sonne bereits hinter den Bergen verbarg und ich weitum keine Bleibe erblicken konnte. Und zwar schreib ich es allein Gott zu, daß ich das Portal nicht übersehen; er hätte mich auf diesem Wege (ja auch) mit gehaltenen Augen gehen lassen können. So eilte ich denn dem Portal energisch zu, um es noch bei Tageslicht zu erreichen und nach Notwendigkeit besehen zu können. Es war ein überaus königlich schönes Portal mit vielen herrlichen in Stein gehauenen Bildwerken daran, deren etliche, wie ich hernach erfuhr, ihre besondere Bedeutung hatten. Oben war eine ziemlich große Tafel mit den Worten angebracht:

Procul hinc, procul ite Prophani.
(Hinweg von hier, hinweg Uneingeweihte!)

Und anderes mehr, welches zu erzählen mir ernstlich verboten worden.

Sobald ich unter dem Portal angelangt war, huschte einer in einem himmelblauen Kleid hervor, den ich freundlich grüßte. Er bedankte sich und forderte sogleich meinen Einladungsbrief. O, wie froh war ich, daß ich ihn mitgenommen, denn wie leicht hätte es sein können, daß ich ihn vergaß. Anderen ist das geschehen, wie mir der Torhüter selber berichtete. Da hab ich ihm (den Einladungsbrief) vorgelegt. Er war nicht nur zufrieden damit, sondern zu meinem Verwundern behandelte er mich besonders ehrenvoll und sagte: Geht hinein, mein Bruder, ein lieber Gast seid ihr mir! – Bat mich noch, ich sollte ihm meinen Namen nicht verhehlen. Da ich ihm nun geantwortet, ich wäre der Bruder von dem roten Rosenkreuz, verwunderte er sich erfreut und hob an: Mein Bruder, habt ihr nicht soviel bei euch, daß ihr ein Zeichen kaufen könnt? Ich antwortete ihm, mein Vermögen wäre gering. Sähe er aber etwas bei mir, das er gern hätte, so möchte er es nehmen. Wie er nun mein Fläschlein mit Wasser von mir begehrte, gab ich es ihm, und er gab mir ein güldenes Zeichen. Darauf stand nicht mehr als diese zwei Buchstaben:

S. C.
(Sanctitate Constantia; Sponsus Carus; Spes Charitas – Beständigkeit in der Heiligkeit; geliebter Bräutigam; Hoffnung in der Liebe.)

Er mahnte, wenn mir dies zum Wohle gereichen würde, sollte ich seiner gedenken. Darauf fragte ich ihn, wieviele vor mir hinein wären. Er berichtete es mir. Endlich gab er mir aus guter Freundschaft ein versiegeltes Brieflein an den anderen Hüter.

Als ich mich nun etwas länger bei ihm aufhielt, brach die Nacht herein. Deswegen zündete man über der Pforte eine große Pechpfanne an, damit, so jemand noch auf dem Wege wäre, er herzueilen könnte. Der Weg zum Schloß war zu beiden Seiten mit Mauern umgeben und mit schönen Bäumen von allerlei Früchten bepflanzt. An jedem dritten Baum zu beiden Seiten waren Laternen angebracht. Eine schöne Jungfrau in einem blauen Kleid hatte sie mit einer herrlichen Fackel entzündet. Das war so herrlich und meisterlich anzusehen, daß ich mich länger als notwendig aufhielt.

Endlich aber nach genügendem Bericht und nützlicher Instruktion schied ich vom ersten Hüter.

Auf dem Weg hätte ich wohl gern gewußt, was in meinem Brieflein drinnenstand. Weil ich aber dem Hüter nichts Böses zutrauen konnte, mußte ich meine Neugierde im Zaum halten und den Weg weitergehen, bis ich zur andern Pforte kam, die der anderen fast gleich, aber mit anderen Bildern und heimlichen Bedeutungen geziert war. Auf dem angebrachten Täfelein stand:

Date et dabitur vobis.
(Gebt und euch wird gegeben.)

Unter dieser Pforte lag an einer Kette ein wilder Löwe, der, sobald er mich erblickte, sich aufrichtete und mich mit lautem Brüllen empfing.

Davon wachte der andere Hüter, der auf dem Marmorstein gelegen, auf und hieß mich ohne Furcht und Sorge eintreten, trieb den Löwen beiseite und las das Brieflein, welches ich ihm mit Zittern dargereicht. Nachdem er es gelesen, sprach er mich mit großer Reverenz an: Willkommen sei mir der Mensch, den ich längst gern gesehen hätte! – Dabei zog er auch ein Zeichen heraus und fragte mich, ob ich es auslösen könne. Weil ich aber nichts mehr hatte als mein Salz, bot ich ihm das dar, was er mit Dank annahm. Auf dem Zeichen standen abermals nur zwei Buchstaben, nämlich:

S. M.
(Studio Merentis; Sal Humor; Sponsa Mitendus; Sal Mineralis; Sal Menstrualis – Eifer der Würdigen; Salz der Säfte; dem Bräutigam zu bringen; minera-

lisches Salz; menstruales Salz als Reinigungs- oder Lösemittel.)

Wie ich nun mit ihm sprechen wollte, fing man im Schloß zu läuten an. Deswegen ermahnte mich der Hüter, ich solle schnell laufen, sonst wäre meine bisherige Mühe und Arbeit vergebens, denn man fing schon oben an, die Lichter auszulöschen. Ich ging denn so schnell, wie ich Angst hatte, es war auch vonnöten. Denn so schnell ich auch lief, die Jungfrau holte mich ein. Da nach ihr alle Lichter ausgelöscht wurden, hätte ich den Weg nimmer finden können, hätte sie mir nicht mit ihrer Fackel geleuchtet.

In meiner Not beeilte ich mich, daß ich ganz in ihrer Nähe gerade noch mit ihr hineinkam. Die Pforte wurde so schnell zugeschlagen, daß mir ein Zipfel von meinem Rock eingezwängt wurde. Ich mußte ihn hinter mir lassen, denn weder ich noch diejenigen, die mich hilfsbereit vor der Tür gemahnt hatten, konnten den Torwart dahin bringen, daß er wieder geöffnet hätte, sondern der gab die Schlüssel der Jungfrau, die sie mit in den Hof nahm.

Unterdessen sah ich mich abermals an der Pforte um, die war so köstlich, daß ihresgleichen die ganze Welt nicht hat. Neben der Tür waren zwei Säulen. Auf der einen stand ein fröhliches Bild mit der Inschrift:

Congratulor.
(Ich beglückwünsche dich.)

Auf der anderen verhüllte (das Abgebildete) sein Angesicht traurig, und darunter stand:

Condoleo.
(Ich leide mit dir.)

Kurz: Solche dunklen, geheimnisvollen Sprüche und Bilder waren daran, daß die Gescheitesten auf Erden sie nicht hätten auslegen können. Sie sollen aber, so Gott es zuläßt, in kurzem von mir an den Tag gebracht und eröffnet werden. An dieser Pforte mußte ich abermals meinen Namen angeben. Der wurde in ein pergamenten Büchlein als letzter eingetragen und zusammen mit andern dem Herrn Bräutigam geschickt. Jetzt erst wurde mir das eigentliche Gastzeichen gegeben. Es war etwas kleiner als die (der) andern, doch viel schwerer. Auf diesem standen die Buchstaben:

S. P. N.
(Salus per naturam; Sponsi praesentandus nuptiis – Heil durch die Natur; dem Bräutigam zur Hochzeit darzubringen.)

Zudem gab man mir ein neues Paar Schuhe, denn der Boden des Schlosses war mit lauter hellem Marmor ausgelegt. Meine alten Schuhe durfte ich der Armen einem, die häufig unter dem Tor fein ordentlich saßen, geben, welchem ich wollte. Einem alten Mann schenkte ich sie dann.

Darauf führte mich ein Knabe mit zwei Fackeln in ein kleines Gemach. Da hießen sie mich auf eine Bank niedersitzen, was ich auch tat. Sie steckten ihre Fackeln in zwei Löcher im Boden, gingen davon und ließen mich allein sitzen. Bald darauf hörte ich ein Geräusch, sah aber nichts. Es waren etliche Männer, die fielen über mich her. Weil ich aber nichts sehen konnte, mußte ichs so geschehen lassen und warten, was sie mit mir anfangen würden. Weil ich aber bald merkte, daß es Barbiere waren, bat ich sie, sie sollten mich nicht so behandeln, ich sei auch willig zu tun, was sie begehrten. Da ließen sie mich los; einer aber, den ich nicht sehen konnte, schnitt mir das Haar mitten auf dem Kopf rundum weg. An der Stirn aber, an Ohren und Augen ließen sie mein langes eisgraues Haar hängen. Durch diesen ersten Angriff, so muß ich bekennen, wäre ich schier verzagt. Denn weil mich ihrer etliche so ungestüm behandelten und ich sie doch nicht sehen konnte, dachte ich schon, daß Gott mich wegen meines Fürwitzes habe fallen lassen. Nun lasen diese unsichtbaren Barbiere das abgeschnittene Haar auf und trugen es mit sich hinweg.

Darauf stellten sich beide Knaben wieder ein und lachten mich herzhaft aus, weil ich mich so gefürchtet hatte. Kaum hatten sie etliche Worte mit mir geredet, fing man wieder an, mit einem kleinen Glöcklein zu läuten, um – so berichteten die Knaben – zur Versammlung das Zeichen zu geben. Deshalb führten sie mich mit ihren Leuchten durch viele Gänge, Türen und Winkel in einen großen Saal. Da war eine große Menge der Gäste: Kaiser, König, Fürsten und Herren, edel und unedel, reich und arm und allerlei Gesinde, worüber ich mich höchlich verwunderte. Bei mir selbst aber gedachte ich: Was bist du für ein großer Narr gewesen, daß du dir diese Reise so bitter und sauer hast angelegen sein lassen; siehe, da sind doch Gesellen, die du wohl kennst und auf die du nie etwas gehalten hast. Nun sind sie alle hier. Und du selbst bist mit all deinem Bitten und Beten kaum als letzter hereingekommen.

Dies und anderes mehr gab mir der Teufel dazumal ein, dem ich doch, so gut es ging, das Weite gewiesen. Unterdes sprachen mich meine Bekannten an, der eine hier, der ander da: Sieh an, Bruder Rosenkreuz, bist du auch hier? – Ja, antwortete ich, meine Brüder, die Gnade Gottes hat mir auch hereingeholfen. – Darüber lachten und spotteten sie, für so geringe Dinge der

Gnade Gottes zu bedürfen. Wie ich nun jeden nach seinem Herweg gefragt, (hörte ich, daß) sie großenteils über die Felsen hätten klettern müssen.

Nun begann man mit etlichen Trompeten, die wir doch nicht sahen, zu Tisch zu blasen. Man setzte sich, jeder so, daß er meinte, er sei über dem andern. Deswegen bekam ich samt andern armen Gesellen gerade noch ein Plätzlein am untersten Tisch(ende). Bald stellten sich die beiden Knaben ein. Einer von ihnen betete so schöne und herrliche Gebete, daß sich mein Herz im Leib erfreute. Doch etliche große Hansen achteten wenig darauf, sondern lachten und winkten einander zu und trieben allerlei Unsinn.

Danach wurde das Essen aufgetragen, und wiewohl man keinen Menschen sehen konnte, war doch alles so ordentlich angerichtet, daß mich dünkte, es hätte ein jeder Gast seinen eigenen Diener. Als sich nun meine Helden ein wenig erlabt hatten und der Wein ihnen die Scham vom Herzen nahm, da erhob sich erst richtig ein Rühmen und Prahlen. Der wollte dies probieren, der andere jenes, und die unnützesten Tröpfe waren die lautesten. Ach, wenn ich daran denke, was für Übernatürliches und Unmögliches ich damals gehört, werde ich jetzt noch unwillig darüber!

Endlich blieben sie nicht in ihrer Sitzordnung, sondern hier und da schlich sich so ein Schmeichler zwischen die Herren ein und vermaß sich solcher Taten, dergleichen weder Simson noch Herkules mit all ihrer Stärke nicht hätten zuwege bringen können. Der da wollte Atlas seiner Last entledigen, jener wollte gar den dreiköpfigen Cerberus wieder aus der Hölle ziehen. Kurz: Jeder schwadronierte auf seine Weise. Und die großen Herren waren närrisch genug, daß sie der Angeberei glaubten. Und die Bösewichter waren so verwegen, daß sie sich nicht darum kehrten, wenn hie und da einem mit dem Messer auf die Finger geklopft wurde. Als einer eine güldene Kette erschnappt, wollten sie alle haben. Einen sah ich, der hörte (angeblich) die Himmel rauschen; der andere glaubte Platons Ideen zu sehen; der dritte wollte Demokrits Atome zählen.

So waren auch der Erfinder des perpetuum mobile nicht wenige. Mancher hatte meines Erachtens einen guten Verstand, aber er maß sich zu seinem Verderben zuviel zu. Endlich war auch einer da, der wollte uns davon überzeugen, daß er die Diener, die aufwarteten, sähe. Er hätte seine Streiterei noch länger getrieben, wenn ihm nicht einer der unsichtbaren Aufwärter so redlich auf sein verlogenes Maul gegeben hätte, daß nicht allein er, sondern auch andere neben ihm wie die Mäuslein schwiegen. Das aber gefiel mir am besten, daß alle diejenigen, auf die ich etwas gehalten, in ihrem Tun fein stille waren und nicht laut dazu schrien, sondern sich (bescheidenerweise) als unverständige Menschen hielten, die von sich selbst gering, von der Natur Geheimnis hoch dachten.

Bei diesem Tumult hätte ich schier den Tag, an dem ich hierher gekommen, verflucht, denn ich mußte mit Schmerzen sehen, daß lose, leichtfertige Leute obenan saßen, ich aber an solch geringem Platz nicht einmal mit Frieden bleiben konnte; schalt mich doch dieser Bösewichte einer höhnisch einen gescheckten Narren. Nun dachte ich nicht, daß da noch eine Pforte wäre, durch die wir gehen mußten, sondern ich meinte, ich müßte die ganze Hochzeit über in solchem Spott, Verachtung und Unwert verbleiben, was ich doch weder beim Bräutigam noch bei der Braut verschuldet hatte. Da sollte er, dachte ich, einen anderen Narren zu seiner Hochzeit bestellt haben denn mich. Nun, zu solcher

Ungeduld bringt die Ungleichheit dieser Welt einfältige Herzen (wie mich). Aber das war eigentlich ein Teil meines Hinkens, davon mir, wie oben gemeldet, geträumt. Und das Geschrei nahm je länger je mehr zu. Da waren auch welche, die sich falscher und erdichteter Gesichte rühmten und uns offensichtlich erlogene Träume einreden wollten.

Nun saß ein feiner stiller Mann bei mir, der redete manchmal von feinen Dingen. Endlich sprach er: Siehe mein Bruder, wenn nun jemand käme, der solche verstockten Leute auf den rechten Weg bringen wollte, würde man ihm zuhören? – Nein, antwortete ich. – So will nun, spricht er, die Welt mit Gewalt betrogen sein und will die nicht hören, die es gut mit ihr meinen. Siehst du auch jenen Lecker, mit was für närrischen Figuren und Gedanken er andere an sich zieht? Dort äfft einer mit unerhört verborgenen Worten die Leute. Doch glaube mir, es kommt noch die Zeit, da man diesem Mummenschanz die Maske abziehen wird. Und aller Welt wird man weisen, was für Landesbetrüger darunter stecken. Dann wird vielleicht noch gelten, dessen man nicht geachtet.

Als er dies redete und das Geschrei auch je länger je ärger wurde, erklang auf einmal im Saal eine so kunstvolle und stattliche Musik, dergleichen ich mein Lebtag niemals gehört. Alles schwieg und wartete, was noch draus werden wollte. Es ertönte aber bei der Musik allerlei Saitenspiel, das man sich denken konnte; das stimmte harmonisch zusammen. Ich vergaß mich ganz, daß ich unbeweglich lauschte und meine Tischnachbarn sich über mich wunderten. Das dauerte fast eine halbe Stunde. Keiner sagte ein Wort, denn sobald einer das Maul auftun wollte, wurde ihm unversehens ein Streich verpaßt, ohne daß man wußte, woher das kam. Ich dachte: Wenn ich nur alle Instrumente, die gespielt wurden, anschauen könnte, weil von den Musikanten nichts zu sehen war.

Nach einer halben Stunde hörte die Musik unversehens auf. Sehen und hören konnten wir nichts weiter. Bald darauf erhob sich vor des Saales Tür ein lautes Getön von Posaunen, Trompeten und Heerpauken. Es klang so meisterhaft, als wollte der römische Kaiser einziehen. Die Tür öffnete sich von selbst und der Posaunenschall wurde so laut, daß wir ihn kaum ertragen konnten.

Unterdes kamen in den Saal viel tausend Lichtlein, welche alle in gewisser Ordnung daherzogen, daß wir erstaunten. Bis endlich die vorgenannten zwei Knaben mit hellen Fackeln in den Saal traten, indem sie einer schönen Jungfrau, die auf einem herrlich vergoldeten Triumphsessel saß, voranleuchteten. Mir schien, es wäre eben jene, die zuvor auf dem Weg die Lichter angezündet und ausgelöscht, und als wären es ihre Diener, die zuvor an den Bäumen gestanden. Die (Jungfrau) war nun nicht wie zuvor blau, sondern mit einem schneeweißen glänzenden Kleid angezogen, welches von lauter Gold schimmerte. Das war so klar, daß wir sie nicht anzuschauen wagten. Die beiden Knaben waren fast auch so, wiewohl etwas geringer bekleidet.

Sobald die nun mitten in den Saal gekommen und vom Stuhl abgestiegen, neigten sich vor ihr alle Lichtlein. Darauf standen wir alle von unseren Bänken auf, wobei jeder an seinem Ort blieb. Wie sie nun uns sah, die wir ihr alle Reverenz und Ehrerbietung erwiesen, fing sie mit holdseliger Stimme an also zu reden:

Der König, mein gnädigster Herr,
Der jetzt nicht allzufern,

Wie auch seine allerliebste Braut,
Die ihm in Ehren ist vertraut,
Die haben nun mit großer Freud
Eure Ankunft vernommen allbereit,
Tun auch jedem in Sonderheit
Ihr Gnad entbieten jederzeit
Und wünschen von ihres Herzensgrund,
Daß euch geling zu jeder Stund,
Damit ihr künftge Hochzeitsfreud
Nicht vermenget mit jemandes Leid.

Darauf verneigte sich sie abermals höflich mit allen
ihren Lichtlein und bald darauf wurde so angefangen:

Ihr wisset, daß der Ladungs-Brief
    Nicht einen Menschen hierher rief,
Der nicht von Gott all schöne Gaben
    Vor langem möcht empfangen haben.
Und wer mit allem ist geziert,
    Wie sich in solcher Sach gebührt.
Wiewohl sie nun nicht glauben mögen
    Daß jemand wäre so verwegen,
Sich ohne ernsthaftes Begründen
    Hier wagen würde einzufinden,
Wenn er sich nicht vor langen Zeiten
    Zu dieser Hochzeit tat bereiten.
Darum sie gut in Hoffnung stehen,
    Das werte Gut reich zu versehen,
Freut sie, daß in so schwerer Zeit
    Gefunden haben so viel Leut.
Noch sind die Menschen so verwegen,
    Daß sie ihr Grobheit nicht bewegen,
Und dringen sich an Orten ein,
    Dazu sie nicht berufen sein.

Daß sich nun hier kein Bub verkauft,
   Ein Schalk mit andern unterlauft,
Sie aber bald ohne all's Verhehlen
   Die reine Hochzeit haben wöllen.

So wird auf den morgenden Tag
   Aufgestellt der Künstler Waag,
Da jeder leichtlich wird ermessen,
   Was er daheim wohl hat vergessen.
Ist jemand nun aus dieser Schar,
   Der ihm nicht darf vertrauen gar,
Der mach sich jetzt schnell auf die Seit;
   Denn gschieht es, daß er länger bleibt,
So ist all Gnad an ihm verloren
   Und er muß morgen unter die Sporen.
Bei wem nun sein Gewissen klopft an,
   Den wird man heut im Saale lan.
Bis morgen soll er werden frei,
   Doch daß er nimmer komm herbei!
Weiß jemand nun, was hindert ihn,
   Der geh mit seinem Diener hin,
Der wird sein Gemach ihm zeigen an,
   Darin er Ruhe haben kann.
Wenn er die Waag mit Ruhm erharrt.
   Sonst wird ihm's Schlafen mächtig hart.
Die andern nehmen hier für gut.
   Wer wider sein Vermögen tut,
Der wäre besser fortgeloffen;
   Das beste will man jedem hoffen.

Sobald sie das ausgesprochen, tat sie wieder Reverenz
und sprang mit Freuden auf ihren Stuhl. Abermals fingen die Trompeter an zu blasen. Manchem konnten sie
die schweren Seufzer nicht nehmen. Dann wurde sie

wieder unsichtbar hinausgeleitet, doch der größere Teil der Lichtlein blieb in der Stuben. Je eins gesellte sich zu einem jeden von uns.

In dieser Verwirrung ist es nicht möglich auszusprechen, was für schwere Gedanken und Gefühle hin und her gegangen sind. Noch war der größere Teil darauf bedacht, die Waage zu erwarten, und wenn es nicht (möglich) sein sollte, mit Frieden – wie erhofft – davon zu ziehen.

Ich hatte mich bald besonnen. Und weil mich mein Gewissen von all meinem Unverstand und von meiner Unwürdigkeit überzeugte, nahm ich mir vor, in dem Saal mit den anderen zu bleiben und bereits mit der empfangenen Mahlzeit zufrieden zu sein als zukünftige Enttäuschung abzuwarten.

Hiernach wurde nun einer da, der andere dort in ein Gemach von einem Lichtlein geführt, jeder, wie ich nachmals erfuhr, in ein eignes. Wir blieben unser neun, darunter auch der, der vormals am Tisch mit mir sprach.

Wiewohl nun unsere Lichtlein uns nicht verließen, kam doch nach einer Stunde der genannten Knaben einer, brachte ein großes Bündel Stricke mit und fragte uns, ob wir entschlossen seien dazubleiben. Da wir nun solches mit Seufzen bewilligt, hat er jeden von uns an einen besonderen Ort gebracht und sich dann mit unseren Lichtlein entfernt, indem er uns Arme im Finstern zurückließ. Da fing bei so manchem das Wasser an über die Körper zu laufen, ich selbst konnte mich des Weinens nicht enthalten. Denn ob uns wohl zu reden verboten war, ließen schon Schmerz und Betrübnis keinen reden.

Die Stricke waren so wunderlich gemacht, daß keiner sie aufschneiden, viel weniger vom Fuß streifen konnte; noch tröstete es mich, daß noch manchem, der sich jetzt zur Ruh begeben, noch größere Schmach bevorstand, wir aber in einer einzigen Nacht alle unsere Vermessenheit abbüßen konnten. Mit meinen schweren Gedanken schlief ich endlich ein, ohne die wenigen, welche die Augen zutaten, anzusehen. Die Müdigkeit bezwang mich.

Im Schlaf hatte ich einen Traum. Ob wohl er nun nicht viel zu verbergen scheint, halte ich es doch für nötig, ihn zu erzählen: Ich dachte, ich sei auf einem hohen Berg. Vor mir sah ich ein großes weites Tal. In diesem Tal war eine unsäglich große Volksmenge beisammen. Jeder hatte am Kopf einen Faden, mit dem er an den Himmel geknüpft war. Einer hing hoch, der andere tiefer, etliche standen noch auf der Erde. Es flog aber in den Lüften ein alter Mann herum, der hatte in seiner Hand eine Schere, mit der er – einem hier, einem dort – den Faden abschnitt. Wer nun nahe bei der Erde war, der war schnell fertig (mit seinem Fall) und fiel ohne Lärm. War ein hoch(schwebender) an der Reihe, so fiel er, daß die Erde erzitterte. Etlichen wurde der Faden nachgelassen, daß sie auf die Erde kamen, ehe der Faden abgeschnitten wurde. Über dieser Purzelei hatte ich meine Lust und freute mich von Herzen, wenn einer, der hoch in den Lüften schwebte, so schändlich herunterfiel und auch noch einige seiner Nachbarn mit sich riß. Auch freute es mich, wenn einer, der sich immer nahe bei der Erde gehalten, so fein still davonkam, daß es nicht einmal seine Nächsten merkten.

Als ich nun meine größte Freude genoß, wurde ich von einem meiner Mitgefangenen gestoßen, weswegen ich erwachte. Das paßte mir gar nicht. Ich dachte über meinen Traum nach und erzählte ihn meinem Bruder, der auf der andern Seite neben mir lag. Dem gefiel er nicht übel, und er hoffte, es solle vielleicht eine Hilfe dahinter stecken. In solchem Gespräch vertrieben wir uns die übrige Nacht und erwarteten mit Verlangen den Tag.

Dritter Tag

Sobald nun der liebe Tag angebrochen und die helle Sonne sich über die Berge erhoben und am hohen Himmel zu ihrem befohlenen Amt wieder eingestellt, fingen meine guten Kämpfer an, sich von ihren Betten zu erheben und sich auf die Überprüfung gefaßt zu machen. Deswegen kam dann einer nach dem andern in den Saal, wünschte einen guten Tag und fragte. wie wir diese Nacht geschlafen. Als sie unsere Fesseln sahen, waren auch viele, die uns verlachten, daß wir schnell verzagten, uns ergaben und nicht wie sie auf Glück und Unglück gewagt hätten, wiewohl einige von ihnen, denen das Herz immer geklopft, nicht laut über die Sache sprachen.

Wir entschuldigten uns für unseren Unverstand und hofften, wir sollten nun frei gelassen werden und daß ihr Spott uns eine Lehre sein würde, waren sie doch auch noch nicht entronnen und hatten vielleicht noch die größte Prüfung vor sich.

Als sich nun endlich wieder jedermann versammelte, fing man abermals an, wie vormals zu trompeten und die Heerespauken zu schlagen. Wir meinten nicht anders, als daß sich der Bräutigam zeigen würde, den manche von uns vermißten. Abermals kam die gestrige Jungfrau. Sie hatte sich in rotes Samt gekleidet und mit einem weißen Band umgürtet. Auf ihrem Haupt hatte sie einen grünen Lorbeerkranz, welcher sie trefflich zierte. Ihre Begleiter waren jedoch nicht mehr Lichtlein, sondern an die zweihundert geharnischte Männer, alle gleich ihr in Rot und Weiß gekleidet.

Sobald sie vom Stuhl aufgestanden, ging sie zu uns Gefangenen her. Nachdem sie gegrüßt, sagte sie mit wenigen Worten: Daß etliche von euch ihr Elend erkannt, das läßt sich mein gestrenger Herr gefallen; er will euch auch genießen lassen. – Und als sie mich in meinem Aufzug sieht, lacht sie und spricht: Nun, hast du dich auch unter das Joch begeben? Ich meinte, du hättest dich ganz besonders fein gerüstet. – Bei diesen Worten gingen mir die Augen über.

Darauf ließ sie unsere Bande auflösen, uns zusammenbinden und an einen Ort stellen, wo wir die Waage gut sehen konnten. Dann sagte sie: Es wird euch besser ergehen als einem, der hier noch ungebunden dasteht. – Unterdessen wurde die goldene Waage mitten im Saal aufgehängt und ein kleines mit rotem Samt bedecktes Tischlein sowie sieben Gewichte aufgestellt: Zuerst ein verhältnismäßig großes, dann vier kleine, endlich noch zwei große, auch wieder für sich gesondert. Diese Gewichte waren unverhältnismäßig schwer, daß es kein Mensch glauben oder begreifen kann. Es hatte aber jeder der Geharnischten neben einem bloßen Schwert einen starken Strick. Diese wurden nun nach der Zahl der Gewichte in sieben Gruppen aufgeteilt und aus jeder Gruppe einer einem Gewicht zugeordnet.

Die Jungfrau sprang wieder auf ihren hohen Thron hinauf. Sobald alle ihr Reverenz erwiesen hatten, fing sie an mit starker Stimme zu sprechen:

Wer in des Malers Stube geht,
Und nichts von Malerei versteht,

Und redet doch mit großer Pracht,
Der wird von jedermann verlacht.
Wer eintritt in der Künstler Orden,
Und ist doch nicht erwählet worden,
Und künstelt doch mit großer Pracht,
Der wird von jedermann verlacht.

Wer zu der Hochzeit bald erscheint,
Und war als Gast gar nicht gemeint,
Und tritt doch ein mit großer Pracht,
Der wird von jedermann verlacht.
Wer nun auf diese Waag gestiegen,
Zu leicht, als daß man ihn kann wiegen,
Der fährt hinauf, so daß es kracht,
Und wird von jedermann verlacht.

Sobald die Jungfrau ausgeredet hatte, hießen die Knaben jeden sich der Reihe nach aufzustellen und nacheinander hinaufzusteigen. Auch der Kaiser einer weigerte sich nicht, sondern verneigte sich zuerst ein wenig vor der Jungfrau, dann stieg er mit seinem stattlichen Habit hinauf. Jeder Oberste legte seine Gewichte auf, wobei er trotz jedermanns Verwunderung beharrte. Aber das letzte wurde ihm zu schwer. Er mußte also in größter Betrübnis hinauf, daß es der Jungfrau, wie mir schien, leid tat, weshalb sie den Ihren durch Zeichen zu schweigen gebot. Der Kaiser wurde gebunden und der sechsten Gruppe übergeben.

Dann kam ein Kaiser daher, der trat stolz auf die Waage. Und weil er ein großes dickes Buch unter dem Rock hatte, meinte er, es würde ihm nicht (an Gewicht) fehlen. Aber kaum daß er das dritte Gewicht aushielt und er unbarmherzig hinaufgeschleudert wurde, fiel ihm das Buch heraus. Alle Soldaten fingen an zu lachen.

Er selbst wurde der dritten Gruppe eingereiht. So gings noch etlichen Kaisern, die alle spöttisch verlacht und gefangen wurden. Nach diesen kam ein kurzes Männlein, auch ein Kaiser, daher. Er hatte ein krauses braunes Bärtlein. Auch er stellte sich nach der üblichen Reverenz auf. Er hat sich so standhaft gehalten, daß ich meinte, er hätte – sofern vorhanden – noch mehr Gewichte ausgehalten. Die Jungfrau stand schnell auf, verneigte sich vor ihm und ließ ihm einen roten Rock anziehen. Von den vielen Lorbeerzweigen auf ihrem Stuhl reichte sie ihm einen und hieß ihn auf den Stufen zu ihrem Stuhl niedersitzen.

Wie es nun den anderen Kaisern, Königen und Herren ergangen, wäre zu lange zu erzählen, allein ich kann nicht unerwähnt lassen, daß wenige von solchen hohen Häuptern übriggeblieben. Entgegen meiner Erwartung fand sich manche feine Tugend bei vielen. Ein Gewicht konnte dieser aushalten, der andere ein anderes, etliche zwei, etliche drei, vier oder fünf; wenige aber konnten rechte Vollkommenheit beweisen. Jeder, dem etwas mangelte, wurde von den Gruppen kräftig verlacht. Nachdem die Überprüfung an Adeligen, Gelehrten und anderen vollzogen, hatte sich bei jedem Stand mal einer, mal zwei, oftmals aber keiner (als würdig) befunden.

Endlich kamen auch die frommen Herren Landbetrüger an die Reihe und die Lecker, die das Allerweltsheilmittel zu fabrizieren angaben. Die wurden mit solchem Gespött auf die Waage gestellt, daß selbst mir in meinem Leid der Bauch vor Lachen zerspringen wollte. Es konnten auch die Gefangenen das Lachen nicht verhalten. Denn da konnte der größere Teil das ernste Gericht nicht erwarten, sondern wurde mit Peitschen und Geißeln von der Waage heruntergeworfen und zu den anderen Gefangenen der betreffenden Gruppe geführt.

Von dem großen Haufen blieben so wenige übrig, daß ich mich schäme, ihre Zahl zu nennen. Es waren hohe Personen auch darunter. Einen wie den andern ehrte man mit einem Samtkleid und mit einem Lorbeerzweig.

Als nun das Gericht in allen Stücken vollendet und niemand mehr als wir wie zusammengebundene Hunde dastunden, trat endlich einer der Hauptleute hervor und sprach: Gnädiges Fräulein, wenn es Euer Gnaden gefällt, so sollte man diese armen Menschen, welche ihren Unverstand erkannten, ohne Gefahr und nur zur Lust auf die Waage steigen lassen. Vielleicht ist doch was Rechtes unter ihnen. – Zuerst war ich in großen Nöten, denn in meinem Kreuz war dies mein Trost, daß ich nicht in Schanden stehen oder von der Waage gepeitscht werden mußte. Denn ich zweifelte nicht, daß viele der Gefangenen wünschten, sie wären zehn Nächte bei uns in dem Saal geblieben.

Weil es die Jungfrau bewilligte, mußte es sein. Wir wurden aufgelöst. Einer nach dem anderen wurde aufgestellt. Wiewohl es auch ihnen mehrmals mißlang, wurden sie weder verlacht noch gepeitscht, sondern mit Frieden auf die Seite gestellt. Mein Geselle war der fünfte. Er hielt sich stattlich, weshalb alle, besonders der Hauptmann frohlockten und die Jungfrau ihm die übliche Ehre erwies. Nach ihm eilten abermals zwei hinauf. Ich war der achte. Als ich mit Zittern die Waage betrat, blickte mich mein Geselle freundlich an, der bereits in seinem Samt dasaß; selbst die Jungfrau lächelte ein wenig. Nachdem ich allen Gewichten standgehalten, hieß mich die Jungfrau mit Gewalt hinaufziehen. Deswegen hängte man noch drei Mann an die andere Seite der Waage. Die richteten nichts aus. Da stand einer der Knaben auf und schrie überlaut: Der ists! –

Ein anderer antwortete: So gebt ihm die Freiheit! – Die Jungfrau ließ es zu. Und nachdem ich mit gebührenden Ehren aufgenommen worden war, hatte ich die Wahl, einen Mitgefangenen, der mir gefiel, auszulösen. Ich besann mich nicht lang und erwählte den ersten Kaiser, der mich am meisten erbarmte. Er wurde dann bald losgelassen und zu uns mit allen Ehren gesetzt.

Als nun der letzte auf die Waage gestellt worden war und ihm die Gewichte zu schwer wurden, erblickte die Jungfrau meine Rosen, die ich vom Hut in die Hand genommen. Die ließ sie durch ihren Knaben gnädig von mir erbitten. Ich überreichte sie ihr willig. So wurde der erste Akt um zehn Uhr am Vormittag absolviert. Abermals fingen die Trompeten an. Sehen konnten wir sie noch nicht. Unterdessen mußten die Gruppen mit ihren Gefangenen abtreten, um das Urteil zu erwarten.

Darauf wurde der Rat von den sieben Obersten und uns besetzt und mit der Jungfrau als Präsidentin fing die Verhandlung an. Es wollte jeder seine Meinung sagen, was mit den Gefangenen geschehen sollte. Die erste Meinung war, man sollte sie alle töten, doch einen härter als den andern, je nachdem einer gegen die klaren Bedingungen mutwillig verstoßen hat. Andere wollten sie gefangen halten, was beides weder der Präsidentin noch mir gefiel. Endlich wurde die Sache durch den einen Kaiser, den ich ausgelöst, einen Fürsten, meinen Gesellen und mich so geregelt: Es sollten zunächst die vornehmen Herren ohne Aufsehen aus dem Schloß geführt werden, andere könnte man mit Spott hinausführen. Die sollte man ausziehen und nackt laufen lassen, die vierten mit Ruten geißeln oder mit Hunden hinausjagen. Wer sich gestern willig ergeben, den sollte man ohne Bestrafung ziehen lassen. Schließlich sollte man die Mutwilligen und die sich bei der gestrigen Mahlzeit ungebührlich verhalten haben, je nach Vergehen an Leib und Leben bestrafen. Diese Meinung gefiel der Jungfrau wohl, und dabei blieb es. Zum Überfluß wurde ihnen noch ein Mittagessen gegönnt, was man ihnen alsbald anzeigte. Das Urteil aber wurde auf 12 Uhr mittags aufgeschoben.

Hiermit nahm der Senat ein Ende. Die Jungfrau verfügte sich samt den Ihren an den ihr gewohnten Ort, uns aber wurde der oberste Tisch im Saal mit der Bitte zugewiesen, wir sollten mit ihm vorlieb nehmen, bis die Verhandlung vollends durchgeführt war. Alsdann sollten wir zum Herrn Bräutigam und zur Braut geführt werden.

Unterdessen wurden die Gefangenen wieder in den Saal gebracht und jeder seinem Stand gemäß gesetzt. Es wurde ihnen befohlen, sich züchtiger als gestern geschehen zu verhalten. Doch es bedurfte keines Verbots, denn ihnen war die Pfeife ohnehin in die Tasche gerutscht. Nicht um zu schmeicheln, sondern der Wahrheit zulieb muß ich sagen, daß sich hohe Personen allgemein am besten in ihre Lage schickten. Ihre Bedienung war ziemlich schlicht, aber anständig, und sehen konnten sie ihre Aufwärter nicht. Uns aber waren sie sichtbar, was mich hoch erfreute. Obwohl uns das Glück erhöht hatte, hielten wir uns doch nicht für mehr als andere, sondern sprachen mit den andern und ließen sie einen guten Mut haben, so übel würde es schon nicht werden.

Obwohl sie gern von uns das Urteil erfahren hatten, war uns doch streng geboten, daß keiner etwas verlauten lasse. Doch trösteten wir sie, so gut wir konnten. Auch tranken wir mit ihnen, damit sie der Wein fröhlicher mache.

Unsere Tafel war mit rotem Samt bedeckt, mit silbernen und goldenen Trinkgefäßen besetzt. Die andern sahen's mit Verwunderung und mit großem Schmerz. Ehe wir uns gesetzt hatten, kamen beide Knaben herein und verehrten uns im Auftrag des Bräutigams das güldene Vlies mit einem fliegenden Löwen darauf und mit dem Begehren, dies bei der Tafel anzulegen und des Ordens, den uns Seine Majestät geschenkt und den er bald mit der gebührenden Feierlichkeit bestätigen würde, Ehre und Herrlichkeit zu erhalten. Mit höchster Untertänigkeit nahmen wir die Kunde entgegen und versprachen, alles zu verrichten, was Seine Majestät beliebt. Außerdem hatte der Edelknabe einen Zettel bei sich, nach dem wir ordentlich nach Rang und Würde untergebracht werden sollten.

Ich wünschte meinen Rang nicht zu verhehlen, auch wenn mir solches etwa Ausdruck der Hoffart gedeutet wird, welche doch dem vierten Gewicht zuwider ist. Weil nun unsere Behandlung so stattlich war, fragten wir einen der Knaben, ob es uns erlaubt würde, unseren Freunden und Bekannten ein bescheidenes Essen zu schicken. Er hatte kein Bedenken dagegen, weshalb jeder durch die unsichtbaren Diener reichlich zuschickte. Und weil sie nicht wußten, woher es käme, wollte ich einem etwas selbst bringen. Sobald ich aber aufgestanden war, kam schon der Diener einer, um mich freundlich zu verwarnen. Denn wenn einer der Knaben das gesehen, würde es mir übel zu stehen kommen. Weil es aber niemand anders als er es gemerkt, wolle er mich nicht verraten. Fürderhin sollte ich besser auf die Würde des Ordens achten.

Mit diesen Worten machte mich der Diener so stumm, daß ich mich während einer langen Zeit nicht mehr auf meinem Stuhl bewegte. Ich bedankte mich sehr für die treuliche Warnung, so gut wie mir dies bei der Eile und in dem Schrecken möglich war. Bald darauf fingen wieder die Trompeten an, was wir schon gewohnt waren, denn wir wußten schon, daß es die Jungfrau war. Deswegen rüsteten wir uns, sie zu empfangen. Die kam nun mit dem bekannten Anhang auf ihrem hohen Sessel daher. Von dem einen Knaben wurde ein hoher güldener Becher, von dem andern ein Pergament vorgetragen.

Als die Jungfrau sich von ihrem Sessel anmutig erhoben hatte, nahm sie den Pokal von dem Knaben in Empfang und übergab ihn im Auftrag des Königs mit dem Hinweis, er sei uns von Seiner Majestät gebracht worden und wir sollten den ihm zur Ehre herumgehen lassen. Auf dem Deckel dieses Pokals stand die Fortuna, zierlich in Gold gegossen. In der Hand hatte sie ein fliegendes Fähnlein, weswegen ich etwas traurig getrunken als einer, dem des Glückes Tücken genugsam bekannt geworden. Es war die Jungfrau gleich uns mit dem goldenen Vlies und dem Löwen geziert, woraus ich schloß, daß sie vielleicht des Ordens Präsidentin sei. Deswegen fragten wir sie, wie der Orden genannt würde. Sie antwortete, es sei noch nicht Zeit, solches zu eröffnen, solange die Sache der Gefangenen noch nicht ausgerichtet ist. Deshalb seien ihnen noch die Augen gehalten, und was jetzt uns geschehen, sei nur ihnen zum Anstoß und Ärgernis, wiewohl es noch nichts sei angesichts der Ehre, die wir zu gewärtigen hätten. Hiermit empfing sie das Patent von dem andern Knaben. Es hatte zwei Teile. Dem ersten Haufen wurde daraus ungefähr soviel vorgelesen:

Sie sollten bekennen, daß sie falschen erdichteten Bücher zu leichtfertig geglaubt, ihnen zuviel zugemessen und also in dies Schloß gekommen, wozu sie doch niemals berufen worden seien. Es wäre wohl der größte

Teil nur darauf aus gewesen, sich zu bereichern und danach desto prächtiger und herrlicher zu leben. So hätte einer den andern aufgestachelt und in solchen Spott und Schande versetzt, weshalb sie einer geziemenden Strafe wert wären. – Das bekannten sie schließlich demütig und boten ihre Hand dar. Darauf wurde den andern recht hart etwa folgendes gesagt:

Sie wüßten gründlich wohl und wären in ihrem Gewissen überzeugt, falsche erdichtete Bücher verfertigt, andere genarrt, betrogen und hierdurch die königliche Ehre bei vielen geschmälert zu haben. So wüßten sie, was für gottlose verführerische Figuren sie gebraucht. Da sie auch die göttliche Dreifaltigkeit nicht verschonten, sondern sie mißbraucht, Land und Leute zu betrügen gesucht. So wäre nunmehr an den Tag gekommen, mit welchen Praktiken sie aufrichtigen Gästen nachgestellt und Unverständigen zugesetzt. Auch wäre überall bekannt, daß sie in öffentlicher Hurerei, Ehebrecherei, Völlerei und anderem unreinen Wesen steckten, welches alles wider die öffentliche Ordnung unseres Königsreichs wäre. In Summa: Sie wüßten, daß sie die königliche Majestät bei dem gemeinen Mann verkleinert hätten. Sie sollten bekennen, daß sie öffentliche überführte Landbetrüger, Lecker und arge Buben wären, welche von redlichen Menschen abgesondert und hart bestraft werden sollten.

Diesem Bekenntnis unterwarfen sich die angeblichen Künstler ungern. Weil aber nicht nur die Jungfrau mit dem Tode gedroht und geschworen, sondern auch die andere Partei heftig über sie herfiel und sie einmütig verklagte, sie wären von ihnen böse hinters Licht geführt worden, haben sie – um großen Unfall zu verhüten – endlich das alles mit Schmerzen bekannt. Daneben aber brachten sie vor, was geschehen, wäre ihnen nicht in ärgster Weise anzukreiden. Denn weil die Herren in das Schloß kommen wollten und sie sich hiervon großes Geld versprochen, hätte jeder alle List angewandt, um etwas zu erschnappen. Daß es aber nicht geraten, sei ihnen nicht mehr zur Last zu legen als den Herren. Sie hätten genug Verstand haben müssen, um sicher hineinkommen zu können. Dann würde er nicht um eines schlechten Gewinnes willen unter großer Gefahr über die Mauern gestiegen sein.

Auch wären ihre Bücher so wenig verkauft worden, daß, wer sich nicht anders ernähren konnte, einen solchen Betrug anfangen mußte. Sie hofften auch, daß man sie recht beurteilen würde, wie es den Herren und Dienern unter ihnen gebührt. Dringend baten sie, daß man sie keiner Mißhandlung aussetze. Mit solchen und ähnlichen Worten wollten sie sich entschuldigen. Es wurde ihnen aber geantwortet, die königliche Majestät sei entschlossen, jeden zu bestrafen, den einen härter als den andern. Denn was von ihnen vorgebracht werde, sei nur zum Teil wahr. Auch den Herren werde nichts geschenkt. Jene sollten sich auf den Tod einstellen, die mutwillig gehandelt und Unverständige gegen ihren Willen verführten. Desgleichen jene, die mit falschen Büchern die königliche Majestät verletzt haben, wie aus ihren eigenen Schriften und Büchern zu ersehen.

Hierüber erhob sich bei vielen ein erbärmliches Klagen, Weinen und Flehen, Bitten und Fußfallen, was doch nicht half. Mich wunderte sehr, wie standhaft sich die Jungfrau hielt, da das Elend uns allen, wiewohl man uns viel Leid und Pein angetan, das Wasser in die Augen trieb und zum Mitleid bewegte. Sie befahl alsbald ihren Knaben, alle Geharnischten, die sich heute bei der Waage eingefunden, herbeizubringen. Diesen wurde befohlen, daß jeder seine Gefangenen zu sich nehmen und in geordneter Prozession, jeder Geharnischter mit einem Gefangenen, in den großen Garten zu führen. Jeder erkannte den seinen so genau, daß ich mich wunderte.

Es wurde meinen gestrigen Genossen erlaubt, ungebunden in den Garten hinauszugehen und der Aburteilung beizuwohnen. Sobald jeder draußen war, erhob sich die Jungfrau von ihrem Stuhl und begehrte, auch wir sollten uns auf die Stufen setzen und zur Vollstreckung erscheinen. Wir weigerten uns nicht, sondern ließen alles auf dem Tisch zurück – außer den Pokal, den die Jungfrau dem Knaben zur Verwahrung gegeben hatte – und fuhren auf dem Stuhl in unserem Schmuck hinaus. Dieser Stuhl bewegte sich von selbst, als ob wir sanft durch die Luft schwebten, bis wir im Garten ankamen, wo wir alle vom Stuhl herabstiegen.

Dieser Garten war nicht sonderlich geschmückt. Mir fiel nur auf, daß die Bäume ordentlich gesetzt waren. Ein kostbarer Brunnen lief. Er war mit wunderbaren Bildern und Inschriften, auch seltsamen Zeichen geschmückt, deren ich, wills Gott, in einem späteren Buch gedenken will. In diesem Garten war ein hölzernes Gerüst aufgestellt und mit schönen bemalten Decken umhängt. Vier Stockwerke lagen übereinander. Der erste war herrlicher als die andern, mit einem weißen Taftumhang bedeckt. So konnten wir nicht gleich wissen, was darunter war. Der andere war leer und unbedeckt. Die letzten zwei aber waren mit rotem und blauem Taft bekleidet.

Als wir zum Gerüst kamen, neigte sich die Jungfrau tief zur Erde, worüber wir heftig erschraken. Denn wir konnten leicht vermuten, daß der König und die Königin nicht weit sein konnten. Nachdem wir nun auch unsere Reverenz erwiesen, führte uns die Jungfrau über eine Wendeltreppe auf das andere Stockwerk, wo sie sich zuoberst stellte, während wir in der vorigen Ordnung verblieben. Wie sich nun der von mir ausgelöste Kaiser gegen mich verhielt, kann ich ohne böser Mäuler Nachteil nicht erzählen. Er erkannte wohl, in welcher Trübsal und Sorgen er jetzt wäre, wenn er mit solchem Spott sein Urteil erwarten müßte. Stattdessen stand er mit Dignität und Würde da.

Inzwischen trat die Jungfrau, die mir die Einladung gebracht und die ich seitdem nicht mehr gesehen hatte, hervor, blies in ihre Posaune und verkündete mit lauter Stimme das Urteil:

Seine königliche Majestät, mein allergnädigster Herr, wünschen von Herzen, daß alle die hier versammelt und gemäß der Einladung wohl vorbereitet das hochzeitliche Freudenfest begehen, verschönt durch Ihre Anwesenheit. Da es aber Gott, dem Allmächtigen, anders gefallen hat, verfügt Seine Majestät, daß gemäß altem löblichem Herkommen dieses Königsreiches auch gegen Ihr Belieben geurteilt wird. Damit nun die Ihrer Majestät angeborne Mildtätigkeit in aller Welt gefeiert werde, hat sie mit ihren Räten und Landständen beschieden, daß das fällige Urteil merklich gemildert werde: Herren und Machthabern soll nicht nur das Leben geschenkt, sondern sie sollen auch freigelassen werden. Mit freundlicher Gunst und Gnaden bittet sie, Ihre Lieben sollten nicht zürnen, daß sie dem Ehrenfest Ihrer Majestät nicht beiwohnen können, sondern bedenken, es sei ihnen von dem allmächtigen Gott mehr auferlegt als sie zu tragen vermögen. Auch habe er beim Austeilen der Gaben ein reichliches Bedenken. So sei es ihrem Ruf nicht nachteilig, wenn sie aus unserem Orden verstoßen werden, weil eben nicht alle alles können. Daß Ihre Liebden von bösen Leckern verführt wurden, soll an ihnen nicht ungerächt bleiben. Seine Majestät sei willens, in Kürze einen Katalog der Ketzer oder einen Index des Verbotenen zu erstellen, damit dergleichen künftig mit besserem Verstand als gut und böse beurteilt werden kann. Seine Majestät will ihre Bibliothek ausmustern und verführerische Schriften dem Feuer übergeben. Sie will Euer Liebden freundlichen Dienst und Gnaden erbeten haben. Es solle jeder in seinem Bereich so verfahren, damit künftig allem Übel und Unrat gesteuert werde. Im übrigen sollen sie ermahnt sein, fortan nicht mehr so unbedachtsam hierher zu kommen, denn dann würde ihnen die Entschuldigung angeblicher Verführung nicht mehr zugebilligt werden können. Bei allen würden sie Spott und Verachtung verdienen. Endlich: Falls das Land etwas von Euer Liebden fordere, so hofft Ihre Majestät, es werde sich keiner mit einer Kette beschwert fühlen. So mögen sie nun Abschied nehmen und mit unserem Geleit zu den Ihrigen zurückkehren.

Die anderen, die das erste, dritte und vierte Gewicht nicht bestanden, will Ihre Majestät nicht so leicht von sich lassen. Damit auch sie etwas von der Nachsicht spüren, gilt der Befehl, man solle jene nackt ausziehen und fortschicken. Wer beim zweiten und fünften Gewicht als zu leicht befunden wurde, soll abgesehen von der Entblößung, je nachdem mit einem, zwei oder mehr Brandmalen gezeichnet werden. Die beim sechsten und siebten Gewicht nicht bestanden haben, sollen etwas gnädiger behandelt werden. Und so weiter – jeder bekam die ihm zugemessene Strafe.

Diejenigen, die sich gestern freiwillig abgesondert hatten, sollten ohne Vergeltung frei ausgehen. Endlich sollten die überführten Landbetrüger, die kein Gewicht aufwiegen konnten, an Leib und Leben, teils mit Schwert,

Strang, Waffen oder Ruten gestraft werden, damit solches Exempel andern zur Vermahnung vollstreckt werde.

An dieser Stelle brach unsere Jungfrau das Stäbchen. Daraufhin blies die andere, die das Urteil verlas, ihre Posaune und trat mit großer Ehrerbietung zu denen, die unter dem Vorhang standen. Hier kann ich es nicht unterlassen, dem Leser die Zahl unserer Gefangenen etwas zu verraten: Es waren sieben, die zwei Gewichte wogen, 21 wogen drei, 35 vier, 35 fünf, 21 sechs, 7 wogen sechs. Auf das siebte kam auch einer, doch ich möchte davon nicht gern Aufhebens davon machen. Es war der, den ich ausgelöst hatte. Viele waren es, die völlig durchgefallen. Von denen, die alle Gewichte auf den Boden gezogen, waren etliche.

Und so hab ich fleißig abgezählt und auf meinem Schreibtäfelein notiert, als sie vor uns standen. Sehr zu verwundern ist es, daß unter allen denen, die etwas gewogen, keiner dem anderen gleich war. Denn ob schon unter den dreien, wie gesagt, 35 gewesen, so hat doch dieser den ersten, zweiten, dritten, der andere den dritten, vierten, fünften, der dritte den fünften, sechsten, siebten – und so fort – aufgewogen, daß demnach zur höchsten Verwunderung unter 126, die etwas gewogen, keiner dem andern gleich war. Ich wollte sie alle mit ihrem Gewicht bezeichnen können, wenn es mir zur Zeit nicht noch verboten wäre. Ich hoffe, es wird künftig mit der Interpretation an den Tag kommen.

Als nun dieses Urteil verlesen worden, waren die erstgenannten Herren wohl zufrieden, weil sie bei solcher Strenge einen milden Spruch nicht erwartet hatten. Deshalb gaben sie noch mehr, als man von ihnen begehrt, Ketten, Geschmeide, Gold, Geld und anderes, das sie bei sich hatten, und nahmen mit Ehrerbietung Abschied. Wiewohl es den königlichen Dienern verboten war, beim Weggang zu spotten, konnten sich etliche Spottvögel das Lachen nicht verkneifen; lächerlich genug war es, wie sich jene so geschwind und ohne hinter sich zu sehen davonmachten. Etliche begehrten, man solle ihnen den versprochenen Katalog zukommen lassen; auch wollten sie sich mit ihren Büchern dermaßen verhalten, wie es königlicher Majestät gefällig wäre. Unter dem Tor wurde ihnen ein Vergessenheitstrunk gegeben, um das Vorgefallene vergessen zu können.

Danach zogen die Freiwilligen davon. Man ließ sie wegen ihrer Redlichkeit passieren. Doch sollten sie niemals mehr in solcher Gestalt zurückkommen. Da ihnen wie auch anderen etwas mehr eröffnet worden, sollten sie liebe Gäste sein.

Unterdessen hatte man mit dem Ausziehen begonnen. Auch das ging je nach dem Schuldenmaß vor sich. Etliche wurden nackt und unbeschädigt fortgeschickt. Etliche trieb man mit Glocken und Schellen hinaus. Etliche wurden hinausgepeitscht. Kurz, die Strafen waren mancherlei, daß ich sie nicht alle aufzählen kann. Schließlich kamen die letzten an die Reihe; das zog sich etwas länger hin. Denn bis etliche gehängt, etliche geköpft, etliche im Wasser ertränkt, andere anders hingerichtet worden waren, ging eine gute Zeit vorüber. Bei einer solchen Exekution gingen mir wahrlich die Augen über, nicht etwa der Strafe wegen, die jene um ihres Frevels willen wohl verdient hatten, sondern angesichts der menschlichen Blindheit, trotzdem wir uns immer um das bemühen, was uns doch vom ersten Fall (Adams) her versiegelt ist. So wurde der Garten, der kurz zuvor voll war, bald geleert. Außer den Soldaten war niemand mehr da.

Als dies geschehen und nach fünf Minuten Stille,

kam ein schönes schneeweißes Einhorn mit einem güldenen Halsband samt etlichen Buchstaben darauf. Das Tier ging bis zu dem Brunnen, wo es sich auf beiden Vorderfüßen neigte, um dem Löwen, der auf dem Brunnen unbeweglich stand, als sei er aus Stein oder Erz, seine Ehrerbietung zu erweisen. Der nahm das bloße Schwert, das er in den Klauen führte, und brach es mitten entzwei. Meiner Meinung nach versanken die Stücke im Brunnen. Der Löwe brüllte so lange, bis eine weiße Taube, die im Schnabel einen Zweig von einem Ölbaum brachte. Der Löwe verschluckte sie und wurde dann zufrieden.

So ging auch das Einhorn bald wieder mit Freuden an seinen Ort. Unsere Jungfrau führte uns über die Wendeltreppe vom Gerüst herab und wir wiederholten unsere Reverenz vor dem Umhang. Unsere Hände und Häupter mußten wir am Brunnen waschen und, gemäß unserer Ordnung, eine kleine Zeit warten, bis der König durch einen verborgenen Gang seinen Saal betrat und wir mit besonderer Musik, Pomp und Pracht in lieblichem Gespräch aus dem Garten in unser voriges Gemach geführt wurden. Und dies geschah um vier Uhr nach Mittag. Damit uns die Zeit nicht zu lang wurde, wies uns die Jungfrau jeden einem Edelknaben zu; die waren nicht allein kostbar bekleidet, sondern auch trefflich gelehrt. Sie wußten über alles so sachkundig diskutieren, daß wir beschämt waren. Ihnen wurde befohlen, uns im Schloß – und zwar an bestimmten Orten – herumzuführen, um uns die Langeweile zu verkürzen.

Unterdes verabschiedete sich die Jungfrau mit der Versicherung, sie wolle beim Nachtessen wieder erscheinen, um uns gewisse Zeremonien zu zelebrieren. Auch bat sie, wir sollten uns bis zum morgigen Tag gedulden, denn morgen mußten wir dem König präsentiert werden. Nachdem sie von uns geschieden, tat jeder von uns, was er am liebsten hatte. Ein Teil betrachtete die schönen Tafeln, darauf sie selbst verzeichnet waren, und dachten über die wunderlichen Merkzeichen nach, was sie bedeuten möchten. Etliche mußten sich mit Speise und Trank erquicken. Ich ließ mich zusammen mit meinem Gesellen vom Knaben im Schloß hin und her führen, ein Spazierweg, der mich die Tage meines Lebens nimmer gereuen wird, denn neben manchen herrlichen Antiquitäten wurden mir auch die Grabstätten der Könige gezeigt, bei welchen ich mehr gelernt als in allen Büchern geschrieben steht. Daselbst steht auch der herrliche Phönix, von dem ich vor zwei Jahren ein sonderbares Büchlein habe herausgeben lassen. Auch bin ich willens, vom Löwen, Adler, Greif, Falken und andere mehr – damit meine Schilderung Frucht trägt – in je einem gesonderten Traktätlein mit Bildern und Inschriften ans Licht kommen zu lassen. Es dauerten mich meine Genossen, daß sie einen solch teuren Schatz versäumten. Ich muß denken, es sei Gottes sonderlicher Wille gewesen.

Ich habe die Führung meines Knaben sehr genossen. Denn jeder wurde seiner Geistesart gemäß dorthin geführt, wohin er geführt zu werden verlangte. Meinem Knaben waren die Schlüssel hierfür anvertraut, weshalb ich vor anderen besonderes Glück hatte. Als noch andere hergerufen wurden, meinten sie, derlei Grabstätten seien nur auf dem Kirchhof zu finden, und dorthin würden wir wohl noch kommen, wenn da etwas zu sehen wäre.

Es sollen nun solche Monumente, wie wir beide sie abgezeichnet und aufgeschrieben haben, meinen dankbaren Schülern nicht vorenthalten werden. Des weiteren wurde uns beiden die herrliche Bibliothek gezeigt, wie sie vor der Reformierung bestanden hat. Wiewohl sie mein Herz erquickt, so oft ich ihrer gedenke, so will ich doch nichts darüber sagen, weil deren Katalog in Kürze ans Licht kommen soll. Am Eingang dieses Gemachs steht ein großes Buch, dergleichen ich niemals gesehen. In ihm sind alle Figuren, Saal, Portal, auch alle Schrift, Rätselzeichen und dergleichen skizziert, wie sie im ganzen Schloß zu sehen sind.

Wiewohl ich auch darüber sprechen möchte, enthalte ich mich dessen zur Zeit noch; die Welt muß zuvor besser erkennen lernen. Bei jedem Buch fand sich das Bild des Autors. Viele sollen, wie ich verstanden habe, verbrannt werden, damit auch ihr Gedächtnis für die rechten Menschen ausgetilgt wird. Als wir noch damit beschäftigt waren und kaum herausgekommen waren, lief ein anderer Knabe daher, sagte dem unseren etwas ins Ohr und übergab ihm die Schlüssel, der trug sie rasch die Wendeltreppe hinauf. Unser Knabe aber war sehr bleich geworden. Und weil wir ihm mit Bitten hart zugesetzt, teilte er mit, daß die königliche Majestät nicht wolle, daß jemand Bibliothek und die Grabstätten sehe. Und wenn uns sein Leben lieb ist, bat er, solches niemand zu verraten, weil er schon geleugnet habe. Das gestanden wir in Furcht und Freud zu. So blieb es verschwiegen und keiner fragte danach.

An beiden Orten hatten wir drei Stunden zugebracht, was mich niemals gereut hat. Als es bereits sieben geschlagen, gab man uns doch noch nichts zu essen. Unser leiblicher Hunger war dank der geistigen Erquickung leicht auszuhalten; so könnte ich lebenslang fasten. Gezeigt wurden uns ferner das schöne Brunnenwerk, die Gesteinssammlung, auch allerlei Kunstwerkstätten, deren es keine gab, die nicht all unsere Kunst, wenn man sie zusammenfaßte, überträfe. Alle Gemächer waren in einem Halbkreis angeordnet, damit das kostbare Uhrwerk, das den Mittelpunkt eines schönen Turmes schmückte, vor aller Augen war, und man sich so nach dem Lauf der Planeten, die darin herrlich zu erkennen waren, richten konnte. Daran konnte ich leicht erkennen, woran es unseren Künstlern fehlt, wiewohl es nicht meines Amts ist, sie zu informieren.

Endlich kam ich in einen weiten Saal, welcher den anderen längst gezeigt worden war. Darinnen stand in der Mitte ein Erdglobus, dessen Durchmesser 30 Fuß maß, obwohl fast die Hälfte in der Erde versenkt war. Diesen Globus konnten zwei Mann herumdrehen, daß stets nicht mehr als soviel über dem Horizont zu sehen war. Wiewohl ich leicht merkte, daß auch er einen besonderen Nutzen haben mußte, konnte ich doch nicht wissen, wozu die güldenen Ringlein dienten, die an etlichen Stellen angebracht waren. Darüber lachte mein Knabe und mahnte, ich solle genauer hinsehen. Kurz, ich fand da mein Vaterland mit Gold bezeichnet, weshalb auch mein Geselle das seine gesucht und gefunden. Weil nun auch die Heimat der anderen, die mitgekommen waren, so gefunden wurde, meinte der Knabe, es sei sicher, daß gestern ihr alter Atlante – so hieß der Astronom – der königlichen Majestät angekündigt, daß alle goldenen Punkte einander genau entsprechen. Da bei unserem Vater ein Punkt steht, habe er einen der Hauptleute veranlaßt, für uns zu bitten, daß wir auf Glück oder Unglück ohne Schaden aufgestellt würden, weil unser Vaterland ein sonderlich gutes Signum habe. So sei auch der Knabe, der unter allen die meiste Kraft hatte, noch ohne Ursache mir zugeteilt worden, wofür ich mich bedankte. Indem ich genauer auf mein Vaterland blickte, fand ich, daß neben dem Ringlein noch etliche schöne Streifen waren, was ich mir nicht selbst zu Ruhm oder Lob gesagt haben will. Noch mehr sah ich auf dem Globus, was ich jedoch nicht zu eröffnen begehre. Jeder denke selbst darüber nach, warum nicht jede Stadt ein Philosophum hat.

Hierauf führte er uns ganz in den Globus hinein. Das verlief so: Auf dem Meer war eine Tafel angebracht, auf der drei Widmungen und der Name der Autoren standen. Diese konnte man leicht aufheben und durch ein bewegliches Brettchen in das Zentrum gelangen, wo vier Mann Platz hatten. Es war nichts anderes als ein rundes Brett, auf dem wir saßen. An einem hellen Tag – jetzt war es schon dunkel – hätte man die Sterne betrachten können. Meines Erachtens waren es lauter Edelsteine, die leuchteten in gebührender Ordnung und ihrem Lauf gemäß so schön, daß ich kaum mehr heraus wollte, was der Knabe nachher der Jungfrau mitteilte, die mich deswegen oft neckte. Die Essenszeit brach an, und ich hatte mich in den Globus dermaßen vergafft, daß ich fast der letzte bei Tisch war. Deshalb säumte ich nicht länger. Und als ich meinen Rock, den ich zuvor abgelegt hatte, wieder anzog und an den Tisch trat, wurde mir von den Dienern so viel Reverenz und Ehre erwiesen, daß ich vor Scham nicht aufsehen konnte. So ließ ich auch die Jungfrau, die an meiner Seite gewartet, nichtsahnend stehen. Sie merkte es, zupfte mich am Rock und führte mich zu Tisch. Von der Musik und den andern Herrlichkeiten weiter zu sprechen, halte ich für unnötig, weil man sie nicht genug beschreiben kann und auch weil ich, so gut ich konnte, sie schon früher gerühmt habe.

Kurz, es war alles kunstvoll und lieblich. Nachdem wir unsere Erlebnisse vom Nachmittag einander erzählt hatten – über die Bibliothek und die Grabmäler wurde geschwiegen – und wir durch den Wein angeregt waren, fing die Jungfrau an:

Liebe Herren, ich habe einen großen Zank mit meiner Schwester. In unserem Gemach haben wir einen Adler. Wir pflegen ihn mit solchem Fleiß, daß ihm jede die Liebste sein will. Deswegen gibt es manchen Zank. In diesen Tagen beschlossen wir zu ihm zu gehn, und zu welcher von uns er sich am freundlichsten erzeigen würde, derjenigen sollte er gehören. Das geschah. Ich trug wie gewohnt einen Lorbeerzweig in der Hand. Meine Schwester hatte keinen. Wie er uns nun beide erblickte, gab er von der Stund an meiner Schwester einen Zweig, den er im Schnabel hatte, und verlangte nach meinem Zweig, den ich ihm gab. Nun meint jede, er habe sie am liebsten. Wie soll ich mich nun verhalten? –

Die Art, wie die Jungfrau ihre Sache vortrug, gefiel uns allen wohl. Jeder hätte gern die gewünschte Lösung (des Problems) gehört. Weil aber die Anwesenden auf mich sahen und wollten, daß ich anfange, war mein Gemüt dermaßen verwirrt, daß ich nichts anderes zu tun wußte, als mit einer weiteren Frage zu antworten:

Gnädiges Fräulein, Euer Gnaden Frage wäre leicht aufzulösen, wenn mich nicht eines bekümmerte. Ich hatte zwei Gesellen, die liebten mich beide über alle Maßen. Weil sie nun zweifelten, welcher mir am liebsten wäre, beschlossen sie, unversehens zu mir zu laufen. Und wen ich alsdann auffangen würde, der wäre der rechte. Das taten sie, doch mochte der eine dem andern nicht folgen, blieb zurück und weinte. Den andern empfing ich mit Verwundern. Als sie mir nachher die Sache erklärt, wußte ich keine Lösung. So habe ich sie bisher anstehen lassen, um etwa hier einen guten Rat zu finden. –

Die Jungfrau wunderte sich hierüber und merkte wohl, um was es mir zu tun war. Sie antwortete daher: Wohlan, so laßt uns beide quitt sein und erbitten wir von einem anderen die Lösung. –

Ich hatte sie (durch meinen Beitrag) gewitzt gemacht; und so fing ein anderer an: In meiner Stadt wurde neulich eine Jungfrau zum Tode verurteilt. Weil sie aber den Richter dauerte, ließ er ausrufen, wenn jemand wäre, der die Jungfrau zu erfechten begehrte, so stände ihm das frei. Nun hatte sie zwei Liebhaber. Der eine machte sich bald fertig und kam auf den Fechtplatz, seinen Widerpart zu erwarten. Unterdes präsentierte sich der andere auch. Weil er aber zu spät kam, gedachte er dennoch zu streiten und sich absichtlich überwinden zu lassen, damit die Jungfrau am Leben bleibe, was auch geschah. Hierauf wollte sie jeder haben. Nun, meine Herren, sagt, wem sie gehört! –

Die Jungfrau konnte sich nicht enthalten zu sagen: Ich meinte, viel zu erfahren, nun komm ich selbst ins Netz. Nun möchte ich hören, ob noch mehr (Argumente) vorhanden sind. –

Jawohl, antwortete ein dritter, ein größeres Abenteuer ist noch nie erzählt worden. Es begegnete mir selbst: In meiner Jugend liebte ich eine ehrliche Jungfrau. Damit nun meine Liebe zum erwünschten Ziel käme, mußte ich mich eines alten Mütterchens bedienen. Die brachte mich auch zuletzt zu ihr. Nun begab sich's, daß die Brüder der Jungfrau zu uns kamen, als wir drei beisammen waren. Jene erzürnten so sehr, daß sie mir das Leben nehmen wollten. Weil ich aber so sehr bat, mußte ich endlich schwören, jede ein Jahr lang als mein eheliches Weib zu haben. – Nun sagt mir, ihr Herren, sollte ich die Alte oder die Junge zuerst nehmen? –

Über dieses Rätsel lachten wir genug. Und wiewohl etliche darüber murmelten, wollte doch keiner den Ausschlag geben. Darauf fing der vierte an: In einer Stadt wohnte eine ehrliche Frau von Adel, die allgemein beliebt war. Besonders aber liebte sie ein junger Edelmann, der ihr zuviel zumuten wollte. Sie gab ihm endlich den Bescheid: Werde er sie im kalten Winter in einen schönen grünen Rosengarten führen, so sollte ihm sein Wunsch gewährt sein, wo nicht, so solle er sich nimmer blicken lassen. Der Edelmann durchzog alle Lande, um einen Mann zu finden, der dies bewerkstelligen konnte, bis er endlich ein altes Männlein traf. Das versprach ihm solches zu tun, wenn er ihm die Hälfte seiner Güter verspräche. Dies wurde bewilligt, jener tat das Gewünschte. Der Edelmann lud besagte Frau zu sich in seinen Garten, wo sie wider alle Erwartung alles grün, lustig und warm fand. Da erinnerte sie sich ihres Versprechens. Sie begehrte nur noch einmal zu ihrem Eheherrn zu gehen, dem sie ihr Leid mit Seufzen und Tränen klagte. Weil der ihre Treue spürte, sandte er sie wieder zu ihrem Liebhaber, der sie mit solchem Aufwand umworben, ihm Genüge zu tun. Den Edelmann bewegte des Ehemanns Redlichkeit so sehr, daß er sich vor der Sünde fürchtete, ein so ehrliches Weib zu berühren. Mit Ehren schickte er sie wieder heim. Wie nun das Männlein beider Edelmut erfahren, wollte er, so arm er sonst war, auch nicht nachstehen, sondern gab dem Edelmann alle Güter wieder zurück und zog davon. – Nun weiß ich nicht, liebe Herren, wer unter diesen Personen die größte Treue bewiesen hat. –

Hier war uns erst recht das Maul gestopft. Auch die Jungfrau wollte nichts anderes antworten, als daß ein anderer Herr fortfahre. So säumte der fünfte nicht und fing an:

Liebe Herren, ich will's nicht lang machen. Wer hat größere Freude, der das anschaut, das er liebt, oder der daran denkt? – Der es sieht, sprach die Jungfrau. – Nein, antwortete ich. Dabei erhob sich ein Streit, weshalb der sechste rief: Ich soll ein Weib nehmen. Nun habe ich vor mir eine Jungfrau, eine Verheiratete und eine Witwe. Helft mir meinem Zweifel ab, so will ich hernach euren Zweifel schlichten. – Da geht's noch wohl, antwortete der siebte, wo man die Wahl hat. Bei mir ist der Fall anders: In meiner Jugend liebte ich eine schöne, ehrliche Jungfrau von Grund meines Herzens und sie mich auch. Nun konnten wir wegen dem Einspruch ihrer Freunde ehelich nicht zusammenkommen. Sie wurde einem andern, ebenfalls ehrlichen, ordentlichen Gesellen vermählt. Der hielt sie in Liebe und Ehren, bis sie schwanger wurde. Da ihr dies so zusetzte, meinten viele, sie wäre tot. Daher wurde sie mit großem Leid in der Erde bestattet. Nun dachte ich, hat dir dieser Mensch in ihrem Leben nicht zuteil werden mögen, so willst du sie wenigstens im Tod umarmen und küssen. Ich nahm meinen Diener mit. Der grub sie bei der Nacht aus. Als ich nun den Sarg öffnete, sie in meine Arme schloß, auch ihr Herz berührte, fand ich, daß es sich noch ein wenig regte. Infolge der Wärme wurde der Herzschlag stärker. So merkte ich, daß sie noch lebte, und trug sie still nach Hause. Nachdem ich ihren erkalteten Leib durch ein köstliches Kräuterbad erwärmt hatte, übergab ich sie meiner Mutter, bis sie eines schönen Sohnes genas, den die Mutter auch treulich pflegte. Nach zwei Tagen, als die Geliebte sich sehr verwunderte, entdeckte ich ihr das Geschehene und bat sie, ihr künftig ehelich beiwohnen zu dürfen. Das machte ihr Kummer, weil es ihrem Ehemann, der sie gut und ehrlich gehalten, leid sein werde. Da nun auch das sein soll, so sei sie nunmehr dem einen wie dem andern in Liebe verbunden. Nun lud ich nach zwei Monaten, als ich verreisen mußte, ihren Ehemann zu Gast. Als ich ihn unter anderem fragte, ob er seine verstorbene Frau wieder aufnehmen wollte, wenn sie in sein Haus käme, bejahte er dies mit Tränen und Weinen. Endlich brachte ich ihm sein Weib samt dem Sohn. Nach der Erzählung des Vorgefallenen bat ich ihn, er solle meine vollzogene Verehelichung mit seiner Zustimmung in Kraft setzen. Nach langem Disputieren konnte er mich von meinem Recht nicht abbringen. Er mußte mir das Weib lassen. Da ging der Streit noch um den Sohn. –

Hier fiel ihm die Jungfrau ins Wort und sprach: Mich wundert, wie Ihr dem betrübten Mann sein Leid verdoppeln konntet. – Wie, antwortete dieser, war ich denn nicht etwa befugt? – Es erhob sich ein Disput unter uns; der größere Teil meinte, er habe recht getan. – Nein, sprach er, ich habe ihm beides, sein Weib und seinen Sohn, geschenkt. Jetzt sagt mir, liebe Herren, war meine Redlichkeit oder die Freude des Mannes größer? –

Diese Worte erfreuten die Jungfrau dermaßen, daß sie gleich um dieser beider willen einen Trunk umgehen ließ. Darüber wurden die Probleme der andern ziemlich verwirrt, daß ich sie nicht alle behalten konnte. Eins fällt mir noch ein: Es sagte einer, er hätte vor wenigen Jahren einen Arzt gesehen, der habe sich für den Winter Holz eingekauft und sich damit den ganzen Winter über gewärmt. Als der Frühling herbeikam, habe er eben dieses Holz wieder verkauft, es demnach kostenlos genutzt. –

Hier muß (geheime) Kunst im Spiele sein, sprach die Jungfrau, aber jetzt ist die Zeit vorbei. – Ja, sagte mein Geselle, wer die Rätsel nicht alle lösen kann, der mag es einem jeden durch einen Boten wissen lassen. Ich meine nicht, daß die Lösung einem vorenthalten werden soll. –

Unterdes begann man das Dankgebet zu sprechen. Wir standen alle von der Tafel auf, eher satt und fröhlich als voll. Es wäre zu wünschen, daß alle Bewirtung und Mahlzeiten so gehalten würden. Als wir nun ein wenig im Saal herumspazierten, fragte uns die Jungfrau, ob wir begehrten, daß die Hochzeit anfinge. – Ja, edle und tugendsame Jungfrau, sprach einer. Darauf schickte sie einen Knaben heimlich weg, setzte aber das Gespräch mit uns fort. Kurz, sie war mit uns schon so vertraut, daß ich's wagte, nach ihrem Namen zu fragen. Die Jungfrau lächelte wegen meines Fürwitzes, ließ sich aber nicht bewegen, sondern antwortete: Mein Name enthält 55 Buchstaben und hat doch nur acht, der dritte ist des fünften dritter Teil. Kommt er zu dem sechsten, so entsteht eine Zahl, dessen Wurzel schon dem den ersten Buchstaben größer wird, als der dritte ist; er ist des dritten Hälfte. Nun ist der fünfte und der siebte gleich, so wie der letzte dem ersten gleich ist. Zusammen machen sie soviel wie der sechste aus, der doch nur um vier mehr ist, als der dritte dreimal zählt. Nun sagt mir, mein Herr, wie ich heiße. –

Die Antwort war mir kraus genug, doch ich ließ nicht locker und sprach: Edle und tugendsame Jungfrau, kann ich nicht einen einzigen Buchstaben erfahren? – Jawohl, das läßt sich machen, sprach sie. – Was mag dann der siebente für einen Zahlenwert haben, antwortete ich. – Er hat, sprach sie, so viel, als Herren hier sind. – Damit war ich zufrieden, denn ich fand ihren Namen leicht. Auch sie war es zufrieden, indem sie andeutete, es solle uns noch mehr enthüllt werden.

Unterdessen hatten sich etliche Jungfrauen fertig gemacht. Sie kamen daher mit großem Gepränge. Zwei

Jünglinge leuchteten ihnen voran. Der eine hatte ein lustiges Gesicht, helle Augen und Ebenmaß. Der andere war zornig anzusehen. Was er haben wollte, das mußte sein, wie ich nachher merkte. Auf sie folgten zunächst vier Jungfrauen. Die eine sah züchtig zur Erde, an Gebärden gar demütig. Die andere war auch eine züchtige, schamhafte Jungfrau, die dritte war entsetzt, als sie in die Stube trat. Wie ich sah, konnte sie wohl nicht bleiben, weil man viel zu lustig war. Die vierte brachte etliche Sträußchen mit, um ihre Liebe und Freigebigkeit zu erzeigen.

Nach diesen vieren kamen zwei, herrlich bekleidet. Sie grüßten uns schön. Die eine hatte einen ganz blauen Rock, mit goldenen Sternlein besetzt. Die andere einen grünen, mit roten und weißen Strichen verziert. Auf dem Haupt hatten sie zarte flatternde Tüchlein, welche ihnen sehr gut standen. Endlich kam eine allein, die hatte ein Krönlein auf dem Haupt. Sie sah mehr über sich in den Himmel als auf die Erde. Wir meinten alle, es wäre die Braut, aber es fehlte noch viel, wiewohl sie sonst an Ehren, Reichtum und Stand der Braut weit überlegen gewesen wäre; sie hat nachher die ganze Hochzeit regiert. Wir folgten dem Tun unserer Jungfrau, fielen auf die Knie nieder. Wiewohl sie sich gar demütig und gottesfürchtig erzeigte, bot sie jedem die Hand, vermahnte uns auch, wir sollten uns nicht zu hoch darüber verwundern, denn diese wäre eine ihrer geringsten Gaben. Unsere Augen sollten wir vielmehr zu unserem Schöpfer erheben und seine Allmacht erkennen lernen, auch in dem angefangenen Lauf fortfahren, Gott zu Lob und den Menschen zugut diese Gnaden gebrauchen. So waren ihre Worte ganz anders als die unserer Jungfrau, die noch weltlicher war. Sie drangen mir durch Mark und Bein. – Und du, sprach sie zu mir, hast mehr als andere empfangen. Sieh zu, daß du auch mehr weitergibst! – Diese Predigt war mir recht fremd. Denn als wir die Jungfrauen mit der Musik erblickten, meinten wir, wir sollten schon tanzen, aber die Zeit war noch nicht da.

Nun standen die Gewichte, die wir oben erwähnten, noch alle da. Deswegen befahl die Königin, die ich noch nicht kannte, jeder Jungfrau, eins zu sich zu nehmen. Unserer Jungfrau gab sie das ihrige, das das letzte und größte gewesen, und hieß uns dann folgen. Unsere Majestät war da etwas Geringeres, denn ich merkte wohl, daß unsere Jungfrau uns zwar gütig war, wir aber gar nicht so hoch geschätzt waren, als wir uns einbildeten. Wir gingen nun in unserer Ordnung hinter ihr her und wurden in das erste Gemach geführt. Da hängte unsere Jungfrau der Königin Gewicht zuerst auf. Es wurde dabei ein schöner geistlicher Gesang gesungen.

In diesem Gemach war nichts Kostbares außer etlichen schönen Gebetbüchlein, die man nicht missen möchte. In der Mitte war ein Pult aufgestellt, recht zum Beten geeignet. Davor kniete die Königin nieder. Auch wir knieten um sie herum nieder und beteten nach, was die Jungfrau aus einem Büchlein las, nämlich daß die Hochzeit zu Gottes Ehr und zu unserem Heil gereiche. Hierauf kamen wir in das andere Gemach. Da hängte die erste Jungfrau ihr Gewicht auf, und so weiter, bis alle Zeremonien verrichtet worden waren. Hierauf bot die Königin jedem die Hand und ging mit ihren Jungfrauen davon. Unsere Präsidentin blieb noch eine Weile bei uns. Weil es aber bereits zwei Uhr in der Nacht war, wollte sie uns nicht länger aufhalten. Mir schien, sie war gern um uns. Sie sagte uns gute Nacht, wünschte uns, ruhig zu schlafen, und nahm einigermaßen ungern von uns Abschied.

Unsere Knaben waren entsprechend unterrichtet; sie wiesen jedem seine Kammer an. In einem andern Bett blieben sie bei uns, um uns im Bedarfsfall zu bedienen. Meine Kammer – von den andern weiß ich nichts zu sagen – war königlich ausgestattet, mit schönen Teppichen und Gemälden behängt. Vor allem liebte ich meinen Knaben. Der war so trefflich beredt und in den Künsten erfahren, daß er mich auch noch um eine Stunde brachte und ich erst um halb vier Uhr einschlief. Dies war die erste Nacht, in der ich ruhig schlief. Ein Alptraum setzte mir zu, denn die ganze Nacht hatte ich mit einer Tür zu tun, die ich nicht aufbrachte. Endlich gelang es mir. Mit solchen Phantasien ging die Zeit hin, bis ich endlich gegen Tag erwachte.

Vierter Tag

Ich lag noch in meinem Bett und besah gemächlich die herrlichen Bilder und Figuren, die da und dort in meinem Gemach waren. Da hörte ich plötzlich eine Musik von Zinken, als ob die Prozession bereits begonnen hätte. Mein Knabe huschte aus dem Bett, als ob er von Sinnen wäre. Auch sah er einem Toten ähnlicher als einem Lebendigen. Wie mir zu Mute war, läßt sich gut denken, denn er sagte, die anderen würden schon dem König präsentiert. Ich konnte nicht anders als weinen und meine Faulheit zu verfluchen.

Ich war noch beim Anziehen, als mein Knabe längst fertig war und aus dem Gemach hinauslief, um zu sehen, wie die Dinge standen. Er kam bald wieder und brachte die frohe Botschaft, daß noch nichts versäumt sei. Ich hätte nur das Frühstück verschlafen. Wegen meines

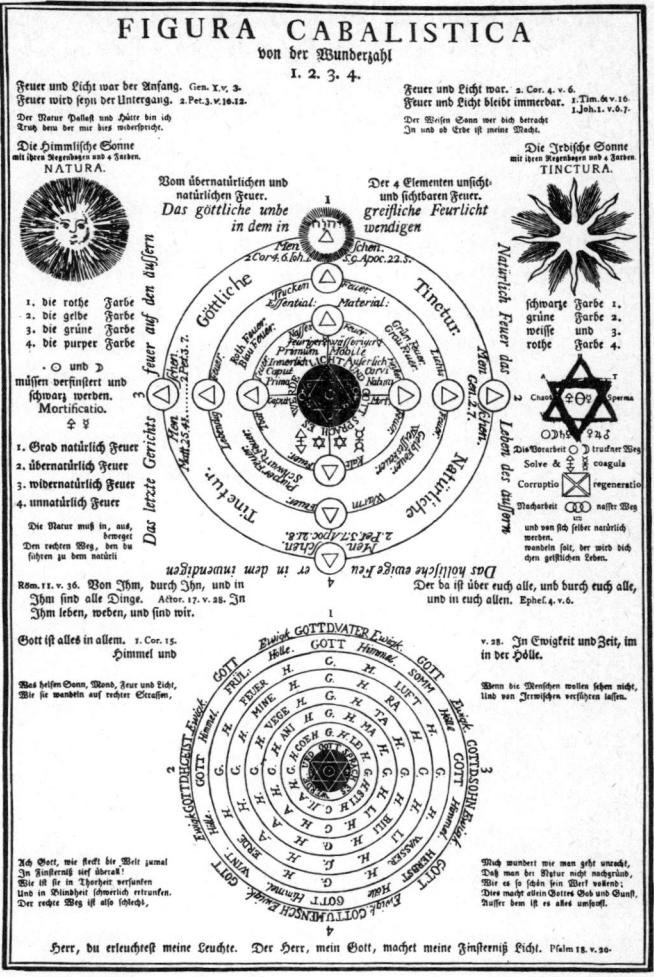

Die Symbolik der vier Zahlen, der vier Farben und Elemente – «Gott ist in allem, in Ewigkeit und Zeit, im Himmel und in der Hölle»

Alters habe man mich nicht wecken wollen. Jetzt aber sei es Zeit, mit ihm zum Brunnen zu gehen, wo sie größtenteils versammelt seien. Durch diesen Trost gewann ich die Fassung zurück. Bald war ich mit dem Ankleiden fertig und zog mit dem Knaben zum Brunnen in dem erwähnten Garten.

Nachdem wir einander begrüßt und die Jungfrau mich wegen meines langen Schlafs verspottet hatte, führte sie mich an der Hand zum Brunnen. Da fand ich, daß der Löwe statt seines Schwertes eine ziemlich große Tafel bei sich hatte. Als ich sie besichtigte, fand ich, daß sie aus dem alten Monument genommen und zu besonderer Ehre hierher gesetzt worden war. Die Schrift war infolge ihres Alters etwas abgewischt. Deshalb will ich sie, so wie sie ist, hierher setzen und jedem zum Nachdenken geben:

Hermes Princeps.
Post tot illata generi humano damna, dei consilio:
Artisque adminiculo, medicina salubris factus heic fluo.
Bibat ex me qui postest, lavet, qui vult, turbet, qui audet:
Bibite fratres, et vivite.

Hermes, der Fürst.
Nach so vielem dem menschlichen Geschlecht zugefügten Schaden, nach göttlichem Ratschluß und durch Beistand der Kunst zur heilsamen Arznei bestellt.
Es trinke aus mir, wer kann; es wasche sich, wer mag; es trübe mich, wer es wagt.
Trinkt, Brüder, und lebet!

Diese Schrift war nun gut zu lesen und zu verstehen. Darum mag sie wohl hierher gesetzt worden sein, weil sie leichter erschien als jede andere.

Nachdem wir uns zuerst im Brunnen gewaschen und jeder einen Trunk aus einer güldenen Schale getan, mußten wir der Jungfrau nochmals in den Saal folgen und daselbst neue Kleider anziehen. Dies waren güldene Stücke, mit Blumen herrlich verziert. So wurde auch jedem ein anderes goldenes Vlies gegeben, welches mit Edelgestein besetzt und von mancherlei Wirkung war, je nach Beschaffenheit. Daran hing ein schweres Stück Gold, auf dem Sonne und Mond sich gegenüberstehend abgebildet waren. Auf der anderen Seite stand der Spruch: Des Mondes Schein wird sein wie der Sonnen Schein, und der Sonnen Schein wird siebenmal heller sein als jetzt. –

Unser bisheriger Schmuck wurde in eine kleine Truhe gelegt und einem der Diener übergeben. Danach führte uns die Jungfrau gemäß unserer Ordnung hinaus. Vor der Tür warteten bereits die Musikanten, alle in rotes Samt mit weißen Borten gekleidet. Hierauf wurde eine Tür, die ich vorher nie offen sah, zur königlichen Wendeltreppe geöffnet. Da hinauf führte uns die Jungfrau samt der Musik, über 365 Stufen. Da sahen wir nichts als lauter köstliche und künstlerische Arbeiten. Je höher wir stiegen, desto herrlicher wurde die Zier, bis wir endlich ganz oben in ein ausgemaltes Gewölbe kamen. Da warteten auf uns an die 60 Jungfrauen, alle köstlich bekleidet. Als sie sich nun vor uns verneigt und auch wir unsere Reverenz, so gut wir konnten, erzeigt hatten, entließ man unsere Musikanten. Die mußten wieder die Wendeltreppe hinunter. Die Tür wurde geschlossen. Hierauf wurde eine kleine Glocke geläutet. Da kam eine schöne Jungfrau herein.

Die brachte jedem einen Lorbeerkranz. Unserer Jungfrau aber wurde ein Zweig gegeben. Ein Vorhang wurde aufgezogen. Da erblickte ich den König und die Königin, wie sie in ihrer Majestät dasaßen. Und hätte mich die gestrige Königin nicht so treulich vermahnt, ich hätte mich selbst vergessen und dies unsäglich Herrliche mit dem Himmel verglichen. Denn abgesehen davon, daß der Saal von lauter Gold und Edelgestein glänzte, war doch die Kleidung der Königin dermaßen beschaffen, daß ich sie nicht ansehen konnte. Und wenn ich zuvor etwas für schön hielt, so war dies über jenes wie die Sterne am Himmel erhaben.

Inzwischen trat die Jungfrau herein, und jede Jungfrau nahm einen von uns bei der Hand und präsentierte uns mit hoher Reverenz dem König. Darauf hob die Jungfrau an zu reden:

Um Euer königliche Majestät zu ehren, allgnädigster König und Königin, haben sich diese Herren unter Leibes- und Lebensgefahr hierher begeben. Das wird Seine Majestät sicher erfreuen, weil mehrere qualifiziert sind, Euer Majestät Königreich und Land zu erweitern. Das wird jeder selbst darlegen können. Ich möchte sie damit in Untertänigkeit präsentiert haben und bitte untertänigst, mich meines Auftrags hiermit zu entbinden sowie vom Tun und Lassen eines jeden allergnädigst Kenntnis zu nehmen. –

Hiermit legte sie ihren Zweig auf die Erde. Nun hätte es sich wohl gebührt, daß auch einer von uns etwas gesagt hätte. Weil uns aber das Wort im Munde stecken blieb, trat der alte Atlas hervor und sprach seitens des Königs: Die königliche Majestät erfreuen sich eurer Ankunft und versichern jeden ihrer königlichen Gnade. Mit deiner Verrichtung, liebe Jungfrau, sind sie allergnädigst zufrieden. Deshalb sei dir eine königliche

Belohnung in Aussicht gestellt. Es ist jedoch ihre Meinung, du mögest dich der Herren annehmen, denn sie haben von dir nichts Arges zu erwarten. –

Hierauf hob die Jungfrau ihren Zweig wieder demütig auf. Nun mußten wir samt der Jungfrau einstweilen abtreten. Der Saal war vorne viereckig, fünfmal breiter als lang; gegen den Ausgang aber hatte er einen großen Bogen wie ein Tor. Darinnen stunden im Kreis drei königliche Stühle; der mittlere war etwas höher als die anderen. In jedem Stuhl saßen zwei Personen. Im ersten saß ein alter König mit einem grauen Bart, doch war seine Gemahlin überaus schön und jung. Im dritten saß ein schwarzer König mittleren Alters. Neben diesem war ein feines altes Mütterlein, nicht gekrönt, sondern mit einem Schleier verhüllt. Im mittleren aber saßen die zwei jungen Menschen. Die hatten Lorbeerkränze auf ihren Häuptern, über ihnen hing eine große köstliche Krone. Sie waren gleichwohl nicht so schön, wie ich sie mir vorgestellt hatte. Aber das mußte so sein. Hinter ihnen saßen auf einer runden Bank mehrere alte Männer. Es verwunderte mich, daß keiner von ihnen ein Schwert noch eine andere Waffe bei sich hatte. Doch eine Leibgarde sah ich nicht. Etliche Jungfrauen, die gestern bei uns gewesen, saßen auf der Seite an dem Bogen. Nicht verschweigen kann ich: Der kleine Cupido flog herum, kletterte und gaukelte mehrfach auf der goldenen Krone herum. Zuweilen setzte er sich mit seinem Bogen zwischen beide Liebende und lächelte ihnen zu. Ja, er stellte sich zuweilen, als wollte er auf unsereinen schießen. In Summa: das Knäblein war so mutwillig, daß es die kleinen Vögel, die haufenweise im Saal herumflogen, nicht verschonte, sondern sie neckte, wo er konnte. Die Jungfrauen hatten auch ihre Kurzweil mit ihm. Und wenn sie ihn erwischten, kam er sobald nicht frei. So bereitete der kleine Knabe uns allen Freude und Unterhaltung.

Vor der Königin stand ein kleines, über die Maßen zierliches Altärlein. Darauf lag ein schwarzsamtenes Buch, ein wenig mit Gold beschlagen. Neben diesem stand ein kleines Lichtlein auf einem elfenbeinernen Leuchter. Wiewohl es gar klein war, brannte es doch immer und immer. Fest steht, wenn Cupido nicht hineingeblasen hätte, wir hätten es nicht für Feuer gehalten. Neben diesem stand eine Sphära oder Himmelskugel. Die drehte sich von selber artig herum. Dann war da eine kleine Schlaguhr, darauf ein kleines kristallenes Rohrbrünnlein, aus dem ein blutrotes, helles Wasser lief, und endlich ein Totenkopf. In dem war eine weiße Schlange. Die war so lang, daß, obwohl sie ringsum geringelt war, der Schwanz in einer Augenhöhle verblieb, bis das Kopfende zur anderen wieder hineinkam. Sie wich also niemals aus diesem Totenkopf. Begab es sich, daß Cupido sie ein wenig neckte, so schlüpfte sie so geschwind hinein, daß wir uns alle verwundern mußten.

Neben diesem Altärlein waren hier und dort in dem Saal wunderliche Bilder. Sie regten sich alle, als ob sie lebten, und hatten so wunderlich Phantastisches an sich, daß es mir unmöglich ist, alles zu erzählen. Es erhub sich, als wir hinausgingen, eine so wunderliche Vokalmusik, daß ich nicht recht wußte, ob sie von den Jungfrauen drinnen oder von den Bildern angestimmt wurde.

Für diesmal waren wir zufrieden und zogen mit unseren Jungfrauen davon. Unsere Musikanten waren bereits da. Sie führten uns wieder die Wendeltreppe hinab, aber die Tür wurde fest verschlossen und verriegelt. Als wir nun wieder in den Saal kommen, fängt eine der Jungfrauen an: Schwester, mich wundert, daß du dich unter so viele Personen hast wagen dürfen. – Meine Schwester, antwortet unsere Präsidentin, ich sorgte mich um keinen so sehr wie um den. – Und da deutet sie auf mich. Dieses Wort ging mir sehr zu Herzen, denn ich verstand wohl, daß sie meines Alters spottete, und zwar war ich unter allen der älteste. Doch tröstete sie mich wieder mit der Verheißung: Würde ich mich zu ihr recht verhalten, so wollte sie mir diese Last abnehmen.

Derweil wurde das Essen aufgetragen und jedem seine Jungfrau beigesellt. Sie wußten uns mit holdseligem Gespräch die Zeit zu verkürzen. Worin aber ihr Gespräch und Kurzweil bestand, darf ich nicht aus der Schule plaudern. Den größeren Teil der Fragen betraf die Künste, woran ich leicht sehen konnte, daß jung und alt mit Kunst umgingen. Immer noch lag mir im Sinn, wie ich wieder jung werden könnte. Deswegen war ich traurig. Das merkte die Jungfrau und hob an: Ich merke wohl, was diesem jungen Gesellen fehlt. Was gilt's, wenn ich kommende Nacht bei ihm schlafe, so soll er morgen lustiger sein. – Hierauf fingen sie an zu lachen. Und wiewohl ich errötete, mußte ich doch über mein Unglück lachen.

Nun war da einer, der wollte meine Schmach an der Jungfrau rächen und sprach: Ich hoffe, es werden nicht allein wir, sondern auch die Jungfrau selbst unserm Bruder bezeugen, daß unsere Jungfrau Präsidentin versprach, künftige Nacht bei ihm zu schlafen. – Darüber wäre ich wohl zufrieden, antwortete die Jungfrau, wenn ich mich nicht vor diesen meinen Schwestern zu fürchten hätte. Denen wäre es nicht recht, wenn ich ohne ihren Willen mir den schönsten und besten erwählte. – Meine Schwester, fing bald eine andere an, wir spüren, daß dich dein hohes Amt nicht stolz gemacht. Da wir nun mit deiner Erlaubnis die anwesenden Herren durchs

hätte, der müßte einsehen, daß eher der Himmel ein-
gefallen wäre, als daß das Glück uns getroffen hätte.
Aus war der Scherz und wir mußten uns die Schalkheit
der Jungfrauen gefallen lassen.

Inzwischen kam der kleine mutwillige Cupido zu
uns. Er war der königlichen Majestät wegen da, die
uns einen Trank aus einer goldenen Schale reichen ließ.
Unsere Jungfrauen wurden zum König beordert, der
erklärte, er könnte diesmal nicht länger verweilen. So
konnten wir uns seiner nicht recht erfreuen und ließen
ihn mit gebührender untertänigster Danksagung fort-
fliegen.

Weil nun meinen Genossen die Freude in die Füße
fuhr und die Jungfrauen dies nicht ungern sahen, hatten
sie rasch ein züchtiges Tänzchen angefangen. Ich sah
ihnen zu, statt selbst mitzutun, denn meine Merkuriali-
sten konnten sich so artig bewegen, als ob sie das Hand-
werk längst gelernt hätten.

Nach etlichen Tänzen kam unsere Präsidentin wieder
und vermeldete uns, daß sich die Künstler und Studiosi
zu Ehren der königlichen Majestät erboten hätten, vor
deren Abzug eine fröhliche Komödie zu veranstalten.
Wir sollten derselben auch beiwohnen und Seine Majestät nach dem Sonnenhaus begleiten. Das wäre Ihr lieb
und Sie wollte uns die Gnade gewähren. Hierauf be-
dankten wir uns zuerst untertänigst für das Angebot,
und nicht nur das, sondern wir boten unsere geringen
Dienste demütigst an. Die Jungfrau überbrachte die
Botschaft und wir erhielten bald den Bescheid, die
königliche Majestät sollten wir auf dem Gang in unserer Anordnung erwarten. Wir wurden hingeführt, ohne
daß wir lange warten mußten, denn die königliche Prozession war schon im Gang, aber ohne alle Musik.

Voraus ging die unbekannte Königin, die gestern bei

Los zu unseren Schlafgenossen machen möchten, solltest du mit unserem guten Willen solches Vorrecht haben.

Wir ließen dies einen Scherz sein und fingen an, miteinander zu sprechen. Unsere Jungfrau aber konnte uns nicht in Ruhe lassen und fing nochmals an: Ihr Herren, wie wär's, wenn wir dem Glück seinen Lauf ließen, wer heute bei dem andern schlafen muß. – Wohlan, sprach ich, kann's nicht anders sein, so dürfen wir ein solch Anerbieten nicht abschlagen. – Weil nun beschlossen wurde, dies nach dem Essen zu probieren, wollten wir nicht länger zu Tisch sitzen, standen auf und jeder ging mit seiner Jungfrau auf und ab. – Nein, sprach die Jungfrau, das soll noch nicht sein; aber laßt sehen, wie uns das Glück gesellen will. – Hierauf wurden wir voneinander getrennt. Es erhob sich ein Disput, wie man die Sache anpacke. Das war aber nur ein Spiel, denn die Jungfrau machte den Vorschlag, wir sollten uns untereinander in einem Kreis mischen. Sie wollte bei sich anfangen zu zählen, und zwar so, daß jeweils der siebente mit dem nachfolgenden siebten vorlieb nehmen sollte, er sei Jungfrau oder Mann.

Wir vermuteten keine List und ließen's daher geschehen. Und als wir meinten, wir mischten uns wohl, waren die Jungfrauen doch so verschmitzt, daß jede ihren Ort schon im vornherein wußte. Die Jungfrau hob an zu zählen, da traf es eine Jungfrau. Der siebte nach ihr war wieder eine Jungfrau, und zum dritten wieder eine Jungfrau. Das geschah so lange, bis alle Jungfrauen zu unserer Wunderung herauskamen und keiner von uns getroffen wurde. So blieben wir armen Tröpfe allein stehen, mußten uns noch verspotten lassen und bekennen, daß wir ordentlich betrogen wären. In Summa: Wer uns in unserer Verfassung gesehen uns gewesen, mit einem kleinen und köstlichen Krönlein und in weißen Atlas gekleidet. Sie trug ein kleines Kruzifix, das aus einer Perle gemacht und das heute zwischen dem jungen König und der Braut aufgestellt war. Nach ihr gingen die sechs vorgenannten Jungfrauen zu zweien. Sie trugen des Königs Kleinodien, die auf den kleinen Altar gehörten. Dann kamen die drei Könige, der Bräutigam in der Mitte, schlicht in schwarzem Atlas auf italienische Art gekleidet. Sie hatten ein kleines schwarzes rundes Hütlein auf mit einer kleinen schwarzen spitzen Feder. (Der Bräutigam) lüftete freundlich seinen Hut, um uns so seine Gnade zu erweisen. Und wir verneigten uns vor ihm wie vor dem ersten. Nach den Königen kamen die drei Königinnen. Zwei waren köstlich gekleidet, allein die mittlere ging auch ganz in Schwarz; der Cupido trug ihr den Schweif nach.

Hierauf wurde uns gewunken zu folgen. Nach uns kamen die Jungfrauen, bis endlich der alte Atlas den Reigen beschloß. In dieser Prozession kamen wir durch manchen kostbar ausgestatteten Gang zum Haus der Sonne. Daselbst nahmen wir auf einem stattlichen Gerüst neben dem König und der Königin Platz, um der vorbereiteten Komödie zuzusehen. Wir standen zur Rechten der Könige; die Jungfrauen, außer denen, die die Insignien trugen, standen zur Linken. Ihnen war zuoberst ein besonderer Standort eingeräumt. Andere Diener mußten zuunterst zwischen den Säulen stehen und sich damit zufrieden geben. Weil nun diese Komödie viel Bemerkenswertes enthielt, will ich es nicht unterlassen, sie kurz zu beschreiben.

Zuerst kam ein alter König mit etlichen Dienern heraus, vor dessen Thron ein kleines Kästlein gebracht wurde, dazu die Meldung, es wäre auf dem Wasser gefunden worden. Als man es öffnete, fand man ein schönes Kind neben etlichen Kleinoden und einem kleinen versiegelten pergamentenen Brieflein, welches an den König gerichtet war. Der König öffnete es rasch, und nachdem er es gelesen, weinte er darüber. Seinen Dienern zeigte er an, mit was für einem großen Schaden der Mohrenkönig seiner Base das Land genommen und alle königliche Nachkommenschaft bis auf das Kind ausgetilgt hätte. Mit deren Tochter gedachte er seinen Sohn zu vermählen. Darauf schwur er ewige Feindschaft dem Mohren und dessen Gehilfen, das Angetane zu rächen. Das Kind befahl er sorgfältig aufzuziehen und sich gegen den Mohren zu rüsten. Diese Rüstung und des Töchterleins Unterweisung – sie war, nachdem sie ein wenig erwachsen, einem alten Lehrmeister anvertraut – füllte den ganzen ersten Akt, und zwar mit viel feiner und löblicher Kurzweil.

Inzwischen ließ man einen Löwen und einen Greifen miteinander kämpfen. Dem Löwen blieb der Sieg; das war gut zu sehen.

Im andern Akt kam der Mohr hervor, ein schwarzer tückischer Mann. Der hatte mit Schmerzen vernommen, wie sein Morden aufgedeckt worden und ein Mädchen durch List entronnen wäre. Deswegen beratschlagte er sich, wie er einem so mächtigen Feind mit List begegnen sollte. Das rieten ihm etliche, die wegen Hungersnot zu ihm geflohen waren. Wider Erwarten kam das Jungfräulein in seine Hand. Er hätte es gleich erwürgen lassen, wenn er nicht von seinen eigenen Dienern betrogen worden wäre. So wurde dieser Akt mit einem wunderbaren Triumph (über den Mohren) beschlossen.

Im dritten Akt wurde vom König ein großes Kriegsheer gegen den Mohren versammelt und einem alten tapferen Ritter unterstellt. Der fiel dem Mohren ins Land und befreite mit Gewalt die Jungfrau aus dem Turm. Danach richteten sie geschwind ein herrliches Gerüst auf und stellten ihr Fräulein darauf. Bald kamen zwölf königliche Gesandte, denen der erwähnte Ritter eine Rede hielt und meldete, wie sein allergnädigster Herr König (das Fräulein) nicht nur zum zweiten Mal vom Tode errettete, sondern sie auch königlich habe aufziehen lassen. Sie aber habe sich nicht immer wie sich's gebührt verhalten. Noch habe Ihre königliche Majestät sie zur Gemahlin seinem jungen Herrn und Sohn erwählt und begehrte, diese Verlobung allergnädigst ins Werk zu setzen, wenn sie sich auf folgende Artikel Seiner Majestät verloben. Hierauf las er aus einem Schriftstück etliche herrliche Bedingungen vor, die wohl wert wären, hier erzählt zu werden, wenn es nicht zu lange würde. Kurz, die Jungfrau schwur einen Eid, dies treu zu halten, und bedankte sich aufs zierlichste für die hohe Gnade. Sie hoben an zu singen, Gott, den König und die Jungfrau zu loben und traten für diesmal wieder ab.

Zur Kurzweil wurden (als Zwischenspiel) die vier Tiere Daniels vorgeführt, wie sie in seinen Gesichten gesehen und ausführlich beschrieben sind (Dan. 7), was alles seine gewisse Bedeutung hatte.

Im vierten Akt wurde der Jungfrau das verlorene Königreich wieder eingeräumt. Sie wurde gekrönt und eine Zeitlang in solchem Schmuck auf dem Platz mit herrlichen Freuden umhergeführt. Darauf erschienen mancherlei Legaten, nicht allein ihr Glück zu wünschen, sondern auch ihre Herrlichkeit anzusehen. Nun blieb sie nicht lang bei ihrer Artigkeit, sondern fing wie an, frech um sich zu sehen, den Legaten und Herren zuzuwinken, und das mit großer Aufdringlichkeit.

Dieses Verhalten wurde dem Mohren alsbald mitgeteilt. Der wollte die Gelegenheit nicht versäumen. Und weil ihre Hofmeister (Erzieher) nicht genug auf sie achtgaben, wurde sie durch große Versprechungen so verblendet, daß sie ihrem König nichts Gutes zutraute, sondern sich dem Mohren nach und nach heimlich ergab. Der eilte herbei, und als er sie mit ihrer Einwilligung in seine Hände gebracht, gab er ihr so lange gute Worte, bis er ihr ganzes Königreich unterwarf. Er ließ sie dann in der dritten Szene dieses Aktes herausführen, ganz nackt ausziehen, auf einem groben Holzgerüst an eine Säule binden und geißeln, schließlich zum Tode verurteilen. Das war so kläglich anzusehen, daß manchem die Augen übergingen. Darauf wurde sie nackt in den Kerker geworfen, um dort den Tod zu erwarten, und das sollte mit Gift geschehen, welches sie jedoch nicht tötete, sondern aussätzig machte. Ein kläglicher Akt also.

Als Zwischenspiel führten sie Nebukadnezars Bild heraus. Es war mit allerlei Wappen an Kopf, Brust, Bauch, Schenkeln, Füßen und dergleichen verziert, wovon noch geredet werden soll.

Im fünften Akt wurde dem jungen König angezeigt, was sich mit dem Mohren und seiner zukünftigen Gefährtin ereignet. Der trat bei seinem Vater für sie ein mit der Bitte, man sollte sie nicht hängen lassen. Da der Vater einwilligte, wurden Legaten abgesandt, sie in ihrer Krankheit und Gefangenschaft zu trösten, doch auch ihre Unbedachtsamkeit zu tadeln. Sie aber wollte nicht einlenken, sondern blieb dabei, des Mohren Konkubine zu sein, was auch geschah und dem jungen König angezeigt wurde.

Danach kam ein Chor von Narren. Jeder brachte einen Stecken mit, aus denen sie in Eile eine große

Weltkugel machten. Es war eine feine kurzweilige Phantasie.

Im sechsten Akt beschloß der junge König, dem Mohren einen Kampf anzubieten, was auch geschehen. Zwar wurde der Mohr erledigt, aber manche hielten auch den jungen König für tot. Endlich kam er wieder zu sich, erlöste seine Gefährtin und schickte sich zur Hochzeit an, indem er sie seinem Hofmeister und Hofprediger anbefahl. Der erste strafte sie heftig. Dann kehrte sich das Blatt um, und der Pfaffe wurde so übermütig böse, daß er über alle sein wollte, bis solches dem jungen König angezeigt wurde. Der schickte einen eilends ab, dem Pfaffen wurde die Gewalt gebrochen, während sich die Braut zur Hochzeit schmückte.

Nach dem Akt führte man einen übergroßen künstlichen Elephanten heraus. Der trug einen großen Turm mit Musikanten, was auch allgemein wohl gefiel.

Im letzten Akt erschien der Bräutigam mit solchem Pomp, daß es kaum zu glauben ist und mich wunder nahm, wie das zu schaffen war. Ihm kam die Braut mit gleicher Pracht entgegen. Da rief alles Volk: Vivat sponsus! Vivat sponsa – Es lebe der Bräutigam! Es lebe die Braut! Womit sie unserem König und der Königin auf das stattlichste durch diese Komödie gratulierten, was ihnen beiden – wie ich wohl sah – über die Maßen gut gefiel. Endlich zogen sie in feierlicher Prozession etliche Male herum. Schließlich fingen alle an zu singen:

Die liebe Zeit
Bringt uns große Freud
Mit des Königs Hochzeit.
Drum singet alle,
Daß es erschalle,
Glück dem, der sie gibt.

Die schöne Braut,
Auf die wir lang gewartet,
Wird ihm endlich vertraut,
Wir haben gewonnen,
Um das wir gerungen.
Wohl dem, der sie schaut!

Die Eltern gut,
Die seien gebeten.
Lang g'nug war sie in Hut.
Vermehrt euch in Ehren,
Daß Tausende werden
Aus eurem Blut!

Nach diesem wurde abgedankt. Und so nahm die Komödie mit Freuden und zum besonderen Gefallen der königlichen Personen ein Ende. Der Abend war herbeigekommen, und wir traten in der erwähnten Ordnung ab, doch mußten wir die königlichen Personen die Wendeltreppe in den Saal begleiten. Da waren die Tafeln schon köstlich zugerichtet. Das war das erste Mal, daß wir an die königliche Tafel geladen wurden. Das Altärlein stellte man mitten in den Saal. Die sechs königlichen Insignien wurden daraufgelegt. Der junge König verhielt sich sehr gnädig gegen uns, aber er konnte nicht recht fröhlich sein, sondern obwohl er zuweilen mit uns etwas sprach, seufzete er doch manchmal, worüber der kleine Cupido nur spottete und seinen Mutwillen trieb.

Die alten Könige und Königinnen waren sehr ernst, nur der einen Gemahl erzeigte sich frischen Mutes. Die Ursache kannte ich nicht. Inzwischen wurde die erste Tafel mit den königlichen Personen besetzt. An der andern saßen wir alleine. An der dritten setzten sich etliche vornehme Jungfrauen nieder. Die andern Männer und Jungfrauen mußten alle aufwarten. Das ging mit solcher Köstlichkeit und ernsthaften stillen Wesen zu, daß ich mich scheue, viel hervor zu reden. Nicht unerwähnt kann ich lassen, daß sich alle königlichen Personen vor dem Essen schneeweiße glänzende Kleider anzogen und sich dann zu Tisch setzten. Über der Tafel hing die große goldene Krone, deren Edelgestein auch ohne alles andere Licht den Saal erleuchten konnte.

Des weiteren wurden alle Lichter von dem kleinen Lichtlein auf dem Altar angezündet, weshalb weiß ich nicht. Ich habe aber wohl wahrgenommen, daß der junge König manchmal der weißen Schlange auf dem Altärlein Essen schickte, was mich nachdenklich machte. Das Gespräch bei diesem Bankett bestritt fast nur der kleine Cupido, der uns, besonders mich nicht (mit seinem Necken) in Ruhe ließ. Er brachte immer etwas Wunderliches auf die Beine. Aber es war keine besondere Ausgelassenheit, alles ging still zu. Deshalb stellte ich mir eine große künftige Gefahr vor Augen. Auch Musik war nicht zu hören. Auf Fragen mußten wir kurze, knappe Antworten geben und es damit bewenden lassen. Kurz, es hatte alles ein so sonderbares Aussehen, daß mir der Schweiß über den Leib zu rinnen begann. Ich glaubte, daß noch dem beherztesten Mann der Mut hätte entfallen können.

Als das Nachtessen fast vorbei war, ließ sich der junge König das Buch von dem Altärlein reichen und schlug es auf. Durch einen alten Mann ließ er uns nochmals fragen, ob wir bei ihm in Lieb und Leid zu verharren gedächten. Als wir das mit Zittern gestanden, ließ er uns weiter traurig fragen, ob wir uns ihm verschreiben wollten. Wir konnten nicht umhin, es mußte auch sein. Hierauf stand einer nach dem andern auf und schrieb dies mit eigner Hand ins Buch ein.

Als das getan, brachte man das kristallene Spring-
brünnlein herbei samt einem kristallenen Glas, aus dem
alle königlichen Personen tranken. Dann wurde es uns
auch gereicht, schließlich allen Personen. Genannt
wurde es der Haustus silentii, der Schweigetrunk. Darauf boten uns alle königlichen Personen die Hand, indem sie uns wissen ließen, daß wir sie jetzt und nimmermehr sehen würden, wenn wir nicht treu zu ihnen
hielten, weshalb uns die Augen übergingen. Unsere Präsidentin versprach dies an unserer Statt gar hoch, womit sie wohl zufrieden waren.

Unterdessen wurde ein Glöcklein geläutet. Darüber
erblichen alle königlichen Personen so sehr, daß wir fast
verzagen wollten. Bald legten sie ihre Kleider wieder
ab und zogen ganz schwarze hervor. So wurde der
ganze Saal mit schwarzem Samt umhängt, der Boden
mit schwarzem Samt bedeckt, auch oben an der Bühne.
Nachdem die Tische weggeräumt waren und sich manche auf die Bank gesetzt, wir auch schon schwarze
Kutten anzogen, kam unsere Präsidentin von draußen
herein und trug bei sich sechs schwarze Taftbinden, mit
welchen sie den sechs königlichen Personen die Augen
verband. Da sie nun nichts mehr sehen konnten, wurden
von den Dienern flugs sechs verdeckte Särge in den
Saal getragen und niedergesetzt. Ein schwarzer Sessel
wurde in die Mitte gestellt. Endlich trat in den Saal ein
kohlschwarzer langer Mann herein, der trug in der
Hand ein scharfes Beil. Nachdem nun zuerst der alte
König auf den Sessel geführt worden war, wurde ihm
das Haupt abgeschlagen und in ein schwarzes Tuch ge-
wickelt, das Blut aber in einem großen goldenen Pokal
aufgefangen und zu ihm in den bereitgestellten Sarg
gelegt, zugedeckt und auf die Seite gestellt.

Und so ging's den andern auch, daß ich schließlich

dachte, es würde die Reihe auch an mich kommen. Aber es geschah nicht, denn sobald die sechs Personen enthauptet waren, ging der schwarze Mann wieder hinaus. Ein anderer folgte nach, der ihn auch gleich vor der Tür enthauptete und sein Haupt samt Beil mitbrachte, welches in ein kleines Trühlein gelegt wurde.

Dies schien mir wahrlich eine blutige Hochzeit. Doch weil ich nicht wissen konnte, was noch geschehen mochte, mußte ich meinen Verstand bis auf weiteres zusammennehmen. Unsere Jungfrau hieß uns zufrieden sein, weil etliche von uns kleinmütig werden wollten und weinten. Dann sprach sie zu uns: Ihr Leben steht nun in euren Händen; wenn ihr mir folgt, wird ihr Tod noch viele lebendig machen.

Dabei wies sie uns an, wir sollten nun schlafen gehen und uns weiter nicht bekümmern, denn ihnen sollte Recht widerfahren. Sie wünschte uns eine gute Nacht mit dem Hinweis, sie müßte heute Totenwache halten. Dies ließen wir geschehen und wurden von unsern Knaben in unser Quartier geführt. Mein Knabe redete mit mir viel und mancherlei, woran ich noch denke, auch hatte ich mich über seinen Verstand genug zu wundern. Seine Absicht war, mich zum Schlafen zu bewegen, was ich dann auch merkte, weshalb ich mich stellte, als ob ich tief schliefe. Aber es war kein Schlaf in meinen Augen. Ich konnte die Enthaupteten nicht vergessen.

Nun ging mein Quartier auf einen großen See hinaus, so daß ich ihn gut sehen konnte, so nahe waren die Fenster am Bett. Um Mitternacht, sobald es zwölf Uhr schlug, erblickte ich auf dem See ein großes Feuer, weshalb ich aus Furcht das Fenster schnell aufmachte, um zu sehen, was daraus werden wollte. So sah ich von ferne sieben Schiffe herankommen, die alle mit Lichtern bestückt waren. Über jedem schwebte zuoberst eine Flamme. Die fuhr hin und her, ließ sich auch zuweilen ganz herunter, daß ich ahnte, es müßten der Enthaupteten Geister sein. Diese Schiffe kamen nun langsam ans Land. Jedes hatte nicht mehr als einen Seemann. Sobald sie an Land gestoßen, sah ich bald unsere Jungfrau mit einer Fackel den Schiffen entgegengehen. Ihr trug man die sechs verdeckten Särge samt dem Kästlein nach. Jedes wurde in ein Schiff gelegt.

Ich weckte meinen Knaben, der mir höchlich dankte, denn weil er den Tag über viel gelaufen war, hätte er dies beinahe verschlafen, obwohl er davon gewußt. Sobald nun die Särge in die Schiffe gelegt waren, wurden die Lichter ausgelöscht. Die sechs Flammen fuhren miteinander über den See hinweg, so daß in jedem Schiff nur ein Lichtlein zur Wacht war. Es hatten sich auch etliche hundert Hüter am Gestade gelagert und die Jungfrau wieder in das Schloß geschickt. Sie verriegelte alles ordentlich, so daß ich meinte, es würde heute nichts weiter geschehen, sondern müßte auf den Tag warten. Wir legten uns wieder zur Ruhe. Ich war der einzige unter allen meinen Gesellen, der sein Gemach zum See hin gehabt und solches gesehen hatte. Ich war ziemlich matt und schlief über meinem vielen Nachgrübeln ein.

Fünfter Tag

Die Nacht war vorüber und der liebe erwünschte Tag angebrochen. Da stieg ich flugs aus dem Bett, eher begierig zu erfahren, was weiter geschehen möchte, denn daß ich genug geschlafen hätte. Nachdem ich mich angezogen und meiner Gewohnheit nach die Stiege hinuntergegangen, war es noch zu früh. Ich fand noch niemanden in dem Saal. Deswegen bat ich meinen Knaben, mich ein wenig in dem Schloß herumzuführen und mir das Sonderbare zu zeigen. Der war, wie immer, willig. Er führte mich alsbald etliche Stiegen unter die Erde zu einer großen eisernen Tür. Darauf waren nachfolgende Worte in großen kupfernen Buchstaben geschrieben:

Hier liegt begraben Venus, die schöne Frau, die manchen hohen Mann um Glück, Ehr, Segen und Wohlfahrt gebracht hat.*

Diese habe ich abgemalt und in mein Schreibtäfelein aufgezeichnet. Nachdem nun diese Tür eröffnet war, führte mich der Knabe bei der Hand durch einen ganz finstern Gang, bis wir wieder zu einem kleinen Türlein kamen. Das war nur angelehnt, denn wie mir der Knabe berichtete, hatte man es erst gestern geöffnet und die Särge daraus genommen. Deswegen wäre es noch nicht wieder verschlossen worden. Als wir hineingetreten, sah ich das allerschönste Ding, das jemals die Natur erschaffen. Denn das Gewölbe hatte kein anderes Licht als das einiger übergroßer Karfunkelsteine. Das war, so hieß es, des Königs Schatz.

Das Herrlichste und Vornehmste, das ich darinnen sah, war ein Grab, das in der Mitte in solcher Köstlichkeit stand, daß mich wunderte, es nicht besser gehütet zu sehen. Darauf antwortet mir der Knabe, ich hätte mich bei meinem Planeten zu bedanken. Seinem Einfluß sei es zuzuschreiben, daß mir etliche Stücke zu sehen gegeben wurden, die außer des Königs Gesinde noch keines Menschen Auge je erblickt hätte. Das Grab

* Von Richard Kienast aus dem im Original enthaltenen Geheimtext entschlüsselt.

war dreieckig und hatte in der Mitte einen polierten kupfernen Kessel. Alles andere war von lauter Gold und Edelgestein. In dem Kessel stand ein Engel, der hielt einen unbekannten Baum in den Armen, von dem tropfte es stetig in den Kessel. So oft eine Frucht abfiel in den Kessel, wurde sie zu Wasser und floß von da in drei goldene Nebenkessel. Dieses Altärlein trugen die drei Tiere: ein Adler, Ochs und Löwe standen auf einem überaus kostbaren Postament.

Ich fragte meinen Knaben, was das bedeuten möchte: Hier liegt begraben (sagte er) Venus, die schöne Frau, die manchen hohen Mann um Glück, Ehr, Segen und Wohlfahrt gebracht hat. – Hierauf zeigte er mir eine kupferne Türe auf dem Boden. Hier können wir, sprach er, wenn es euch beliebt, weiter hinabgehen. – Ich gehe immer mit, antwortete ich. Ich ging die Stiegen hinab. Da war es ganz finster. Der Knabe öffnete flugs ein kleines Kästlein, darinnen stand auch ein immerwährendes Lichtlein. Von dem zündete er eine dabeiliegende Fackel an. Ich erschrak heftig und fragte ernstlich, ob er dies tun dürfte. Er gab mir zur Antwort: Weil die königlichen Personen jetzt ruhen, habe ich nichts zu befürchten. Da sah ich ein köstlich zubereitetes (Himmel-)Bett mit schönen Umhängen, von denen einer geöffnet war. Da erblickte ich Frau Venus ganz bloß – denn die Decke hatte er auch aufgehoben – in solcher Zierde und Schöne daliegen, daß ich fast erstarrte. Auch weiß ich noch nicht, ob nur ein geschnittenes Bild oder ein toter Mensch dalag, denn sie war ganz unbeweglich. Anrühren durfte ich sie nicht. Sie wurde wieder bedeckt und der Vorhang vorgezogen, mir aber blieb sie vor Augen. Bald sah ich hinter dem Bett eine Tafel, auf der also geschrieben stand:

Wenn die Frucht meines Baums wird vollends verschmelzen, werde ich aufwachen und die Mutter eines Königs sein. –

Ich fragte meinen Knaben nach der Schrift. Er aber lachte und versprach, ich sollte es wohl noch erfahren. Also löschte er die Fackel aus und wir stiegen wieder herauf. Da besah ich alle Türlein genauer und entdeckte, daß auf jedem Eck ein Lichtlein brannte, was ich zuvor nicht wahrgenommen, denn das Feuer war so hell, daß es einem Stein ähnlicher sah als einem Licht. Von dieser Hitze mußte der Baum immerdar schmelzen, doch brachte er immer andere Früchte hervor. – Seht nun, sprach der Knabe, was ich von Atlante, dem königlichen Herrn, habe eröffnen hören: Wenn der Baum (sagte er) wird vollends verschmelzen, so wird Frau Venus wieder erwachen und die Mutter eines Königs sein. – Da er dies redete und mir vielleicht mehr sagen wollte, flog der kleine Cupido daher. Er war zuerst in unserer Gegenwart etwas bewegt. Doch als er sah, daß wir beide dem Tode ähnlicher als den Lebendigen waren, mußte er schließlich lachen. Er fragte mich, welcher Geist mich hergebracht hätte. Mit Zittern antwortete ich ihm, ich wäre in dem Schloß verirrt und zufällig hierher gekommen. Der Knabe hätte mich unaufhörlich gesucht und mich endlich hier angetroffen. Ich hoffete, er sollte mir nichts verargen.

Nun, mein alter fürwitziger Vetter, sprach Cupido, es steht noch wohl. Aber leicht hättet Ihr mir einen groben Fehler machen können, wenn Ihr diese Türe benützt hättet. Ich muß sie besser absichern. – Er legte also ein starkes Schloß an die kupferne Türe, die wir zuvor hinabgestiegen waren.

Ich dankte Gott, daß er uns nicht eher angetroffen. Mein Knabe war noch froher, daß ich ihm so hindurchgeholfen. Ich kann doch, sprach Cupido, nicht ungestraft lassen, wenn ihr meine liebe Mutter (Venus) hier beinahe überrascht hättet. Er hielt die Spitze eines Pfeils in eines der Lichtlein, um es zu erwärmen. Damit stupfte er mir mit dem Pfeil auf die Hand, was ich wenig beachtete, sondern ich war froh, daß es uns gelang und wir ohne weitere Gefahr davonkämen.

Inzwischen hatten sich meine Gesellen auch aus den Betten gemacht und im Saal eingestellt. Ich schloß mich ihnen an und stellte mich, als wäre ich erst aufgestanden. Nachdem Cupido alles fleißig verriegelt, kam er auch zu uns, und ich mußte ihm die Hand zeigen. Darauf fand sich noch ein Tröpfchen Blut, worüber er wohl lachte. Die andern wies er an, sie sollten auf mich acht haben. Uns wunderte alle, wie lustig Cupido sein konnte und auf die gestrige traurige Geschichte so gar nicht achtete. Also keine Trauer.

Nun hatte sich unterdes auch unsere Präsidentin zur Wegfahrt bereit gemacht. Sie erschien ganz in schwarzem Samt und trug ihren Lorbeerzweig. Auch ihre Jungfrauen hatten alle Lorbeerzweige. Als alles fertig war, hieß uns die Jungfrau erst einen Trunk zu uns nehmen, danach rasch zur Prozession fertig machen, weswegen wir nicht lange säumten, sondern ihr aus dem Saal hinaus auf den Hof folgten. Im Hof standen sechs Särge. Meine Gesellen meinten nichts anderes, als daß die sechs königlichen Personen drinlägen. Ich aber merkte das Spiel wohl, doch wußte ich nicht, was man mit den andern tun würde. Bei jedem Sarg waren nämlich acht vermummte Männer. Sobald nun die Musik anging – es schien mir ein traurig gravitätisches Musizieren – hoben die Männer die Särge auf, und wir mußten in unserer Ordnung hinterhergehen, bis in den erwähnten Garten.

In seiner Mitte war ein Holzhaus aufgerichtet, welches rings um das Dach eine herrliche Krone hatte und auf sieben Säulen stand. Darin waren sechs vorbereitete Gräber, und bei jedem ein Stein. Doch hatte es in der Mitte einen runden hohlen Stein. In diese Gräber wurden die Särge unter viel Zeremonien still hineingelegt, die Steine darübergeschoben und fest verschlossen. Im mittleren aber sollte das kleine Trühlein liegen. Mit diesem wurden meine Gesellen betrogen, denn sie meinten, es seien die Leichname der Toten darin. Zuoberst war eine große Fahne, auf die ein Phönix gemalt war, um uns vielleicht noch mehr zu verwirren. Hier hatte ich Gott viel zu danken, daß ich mehr als andere gesehen hatte.

Nach dem Begräbnis hielt die Jungfrau, die sich auf den mittleren Stein gestellt, eine kurze Ansprache: Wir sollten uns an unser Versprechen halten und keine Mühe scheuen, um den augenblicklich begrabenen königlichen Personen wieder zum Leben zu verhelfen und uns deshalb sogleich aufmachen, zum Turm Olymp fahren und eine hierzu taugliche und notwendige Arznei zu holen.

Wir willigten sofort ein und folgten ihr durch ein anderes Türlein nach bis an das Gestade. Da standen die erwähnten sieben Schiffe alle leer da. Daran steckten alle Jungfrauen ihre Lorbeerzweige, und nachdem sie uns auf die (sechs) Schiffe verteilt, ließen sie uns in Gottes Namen fahren. Sie sahen uns nach, solange sie uns im Blick behalten konnten. Dann zogen sie mit allen Hütern wieder ins Schloß. Jedes unserer Schiffe hatte eine große Fahne und besonderes Zeichen. Die fünf hatten die fünf Corpora Regularia (d.h. Saturn, Mars, Erde, Venus, Merkur). Das meine, in dem auch die Jungfrau saß, führte einen Globus (als Zeichen).

Wir fuhren also in bestimmter Ordnung daher, und jedes hatte nur zwei Seeleute. Zuerst das Schifflein A, darin meiner Meinung nach der Mohr lag. In diesem hielten sich zwölf Musikanten auf, die gute Arbeit leisteten; sein Zeichen war ein Pyramis. Darauf folgten drei nebeneinander B, C und D, in die wir aufgeteilt waren. Ich saß in C. In der Mitte fuhren die zwei schönsten und stattlichsten Schiffe E und F, mit vielen Lorbeerzweigen besteckt. In ihnen fuhr kein Mensch. Auf ihrer Fahne waren Sonne und Mond. Zuletzt kam das Schiff G. In diesem waren 40 Jungfrauen.

Wie wir nun über den See fuhren, kamen wir durch einen engen Arm auf das eigentliche Meer. Da hatten alle Sirenen, Nymphen und Meergöttinnen auf uns gewartet, die ein Meerfräulein zu uns schickten, um uns ihr Geschenk und Hochzeitsglückwünsche zu überbringen. Das war eine köstliche, große, gefaßte Perle, dergleichen weder in unserer noch in der neuen Welt (Amerika) jemals gesehen wurde, rund und glänzend. Da nun die Jungfrau dies freundlich angenommen hatte, bat die Nymphe weiter, man solle ihren Gespielen eine Audienz geben und ein wenig stillhalten, womit die Jungfrau einverstanden war. Sie ließ beide Schiffe in der Mitte halten und mit den anderen ein Pentagonum (Fünfeck) um sie herum bilden. Darauf reihten sich die Nymphen rings herum und fingen mit lieblicher Stimme zu singen an:

I.
Nichts besseres ist auf Erden
Denn die schöne, edle Lieb,
Damit wir Gott gleich werden
Und keins das andre 'trüb.
Drum laßt dem König singen;
Das ganze Meer tu klingen.
Wir fragen, antwortet ihr.

II.

Was hat uns bracht das Leben?
Die Lieb.
Was hat Gnad wiedergeben?
Die Lieb.
Woher sind wir geboren?
Aus Lieb.
Wie wären wir verloren?
Ohn Lieb.

III.

Wer hat uns denn gezeuget?
Die Lieb.
Warum hat man uns g'säuget?
Aus Lieb.
Was sind wir Eltern schuldig?
Die Lieb.
Warum sind sie so g'duldig?
Aus Lieb.

IV.

Was tut all's überwinden?
Die Lieb.
Kann man auch Liebe finden?
Durch Lieb.
Wo läßt man gut Werk scheinen?
In Lieb.
Wer kann denn zwei vereinen?
Die Lieb.

V.

So singt nun alle
Mit großem Schalle
Der Lieb zu Ehren,
Die soll sich mehren,

Bei unserm König und der Königin,
Ihr Leib ist hier, ihr Seel ist hin.

VI.
Solang wir leben
So wird Gott geben,
Daß wir die Lieb und große Huldschaft,
Sie hat geteilt mit großer Kraft,
Also wir auch durch Liebesflamm
Und Glück sie wieder bringen zusamm.

VII.
Dann soll dies Leid
In große Freud,
Wenn's noch vieltausend Junge gibt,
Verwandelt sein in Ewigkeit.

Als sie dieses Lied mit dem herrlichen Inhalt und Melodie geendet hatten, nahm mich wunder, warum Ulysses seinen Gesellen die Ohren verstopft hatte. Denn ich hielt mich für den unglücklichsten Menschen, daß mich die Natur nicht auch als ein so holdseliges Geschöpf gemacht. Die Jungfrau nahm bald Abschied und befahl abzufahren, weshalb sich auch die Nymphen, nachdem ihnen ein langes rotes Band als Lohn verehrt worden war, trennten und im Meer verteilten.

Diesmal empfand ich, daß Cupido auch bei mir zu wirken anfing, was mir nicht gerade zu Ehren gereicht. Und weil meine Schwindelei dem Leser ohnehin nichts nützt, will ich's darauf beruhen lassen. Es war wohl eben die Wunde, die ich – wie im ersten Buch berichtet – im Traum am Kopf empfangen hatte. Will sich aber einer von mir warnen lassen, der meide das Bett der Venus, denn Cupido kann solches nicht dulden.

Nach etlichen Stunden, als wir in freundlichem Gespräch ein gutes Stück des Wegs gefahren waren, wurden wir des Turms Olymp ansichtig, weshalb die Jungfrau befahl, mit einigen Kanonenschüssen das Zeichen unserer Ankunft zu geben, was auch geschehn. Alsbald sahen wir, wie eine große weiße Fahne herausgesteckt wurde und wie uns ein kleines vergoldetes Schifflein entgegenfuhr. Als es uns erreichte, sahen wir einen alten Mann, des Turmes Wächter, mit etlichen Begleitern, in Weiß gekleidet. Von ihm wurden wir freundlich empfangen und zum Turm geführt. Dieser Turm stand auf einer viereckigen Insel, die war mit einem festen und dicken Wall umgeben, daß ich 360 Schritte (Durchmesser) zählte. Hinter dem Wall lag eine schöne Wiese mit etlichen Gärtchen, in denen seltene und mir unbekannte Früchte wuchsen. Dann kam die Mauer um den Turm. Der Turm selbst war derart, als hätte man sieben runde Türme zusammengebaut, doch war der mittlere etwas höher, auch gingen alle innen ineinander über, und zwar sieben Stockwerke übereinander.

Als wir nun an die Türe des Turms kamen, führte man uns auf der Mauer ein wenig beiseite, damit man die Särge ohne unser Wissen in den Turm bringen konnte. Ich merkte das wohl, die anderen wußten davon nichts. Als das geschehen, führte man uns zuunterst in den Turm, der schön ausgemalt war.

Aber wir hatten hier wenig Kurzweil, denn dies war nichts anderes als ein Laboratorium. Da mußten wir Kräuter, Edelgestein und ähnliches stoßen (mahlen), waschen, Saft und Essenz herauspressen, diese in Gläser tun und in Verwahrung geben. Und zwar war unsere Jungfrau so geschäftig, daß sie jedem genug Arbeit zu geben wußte. Da mußten wir uns auf dieser Insel recht anstrengen, bis wir alles zuwege brachten, was zur

Wiederbringung der enthaupteten Leiber nötig war. Unterdes waren, wie ich nachher vernommen, die drei Jungfrauen im ersten Zimmer und wuschen die Leichname aufs fleißigste.

Als wir endlich mit diesen Zubereitungen fertig waren, brachte man uns nicht mehr als eine Suppe mit einem Schluck Wein, woran ich merkte, daß wir nicht etwa zum Vergnügen hier waren. Und als wir unser Tagewerk verrichtet hatten, wurde jedem nur eine Unterlage auf die Erde gelegt. Damit sollten wir vorlieb nehmen. Mir wollte der Schlaf nicht kommen. Deshalb spazierte ich in die Gärten hinaus bis zum Wall. Und weil der Himmel gerade sehr hell war, konnte ich mir die Zeit mit der Beobachtung der Sterne vertreiben. Zufällig kam ich zur großen Steintreppe, die auf den Wall führt. Und weil der Mond gar hell schien, war ich mutig genug, ging hinauf und schaute aufs Meer hinaus. Das war nun ganz still. Und weil ich so gute Gelegenheit hatte, über die Astronomie nachzudenken, fand ich, daß in dieser Nacht eine Planeten-Konjunktion geschah, wie sie so bald nicht wieder zu beobachten sein würde.

Als ich nun eine gute Weile über das Meer hin blickte und es eben um Mitternacht war, Schlag zwölf Uhr, sah ich von ferne die sieben Flammen über das Meer daherfahren und sich zur obersten Spitze des Turms hin bewegen. Dadurch geriet ich einigermaßen in Furcht, denn sobald sich die Flammen gesetzt hatten, fingen die Winde an, das Meer ungestüm zu machen. So wurde auch der Mond von Wolken bedeckt und meine Freude endete mit solcher Furcht, daß ich kaum genug Zeit hatte, die Treppe wieder zu finden und mich in den Turm zu begeben. Ob nun die Flammen länger geblieben oder wieder weggefahren, kann ich nicht sagen, denn ich durfte mich in dieser Finsternis nicht hinauswagen. Ich legte mich auf mein Lager, und weil ein Brunnen in unserem Laboratorium lieblich und still rauschte, schlief ich leichter ein. So war der fünfte Tag auch mit Wundern beschlossen.

Sechster Tag

Am Morgen, nachdem einer den andern geweckt hatte, saßen wir eine Weile zusammen und besprachen, was wohl aus all dem werden würde. Denn etliche hielten dafür, sie würden alle miteinander wieder lebendig. Etliche widersprachen, es müßte der Alten Untergang den Jungen nicht allein das Leben, sondern auch die Vermehrung zurückgeben. Etliche meinten, sie wären nicht getötet, sondern andere wären an ihrer Statt enthauptet worden.

Wie wir uns ziemlich lang miteinander besprachen, kam der alte Mann daher, grüßte uns und sah nach, ob alles fertig und den Prozessen genüge getan wäre. Da wir uns so verhalten hatten, daß er unseren Fleiß anerkennen mußte, sammelte er alle Gläser ein und stellte sie in einen Behälter. Bald kamen etliche Junge, die brachten Leitern, Seile und große Flügel mit, die sie vor uns niederlegten. Sie gingen davon. Der Alte fing an: Ihr lieben Söhne, eines dieser drei Sachen muß jeder diesen Tag stets bei sich tragen. Es steht Euch nun frei; wollt Ihr eine auswählen oder soll man darum losen? – Wir sprachen, wir wollten wählen. – Nein, antwortete der Alte, es muß durchs Los entschieden werden. – Er machte drei Lose. Auf das eine schrieb er «Leiter», auf das andere «Seil», auf das dritte «Flügel». Die legte er in einen Hut und jeder mußte ziehen. Und was er zog, dabei blieb's. Die Seil gezogen hatten, meinten, sie wären am besten dran. Mir blieb eine Leiter, was mich heftig betrübte, denn sie war zwölf Fuß lang und ziemlich schwer, die mußte ich auf mich nehmen. Die andern konnten ihre Seile bequem um sich wickeln. Der Alte machte den dritten die Flügel so kunstgerecht an, als ob sie ihnen gewachsen wären. Dann zog er einen Hahn an, da lief der Brunnen nicht mehr. Wir mußten ihn aus der Mitte wegräumen. Nachdem alles geschehen war, nahm er das Kästlein mit den Gläsern mit sich, verabschiedete sich und schloß die Tür fest hinter sich zu, daß wir meinten, wir wären in diesem Turm gefangen.

Aber es dauerte keine Viertelstunde, da wurde zuoberst ein rundes Loch aufgedeckt. Da erblickten wir unsere Jungfrau. Die rief uns zu, wünschte uns einen guten Tag und bat, wir sollten hinaufkommen. Die mit den Flügeln waren geschwind durch das Loch hinaufgelangt. Wir anderen sahen, wozu unsere Leitern gut wären. Nur die mit den Seilen waren übel dran, denn sobald einer von uns oben war, wurde ihm befohlen, die Leiter an sich zu ziehen. Endlich wurde jedem sein Seil an einen eisernen Haken gehängt. Da mußte jeder selbst am Seil hinaufklettern, so gut er konnte, was wahrlich ohne Mühe nicht gelang. Als wir nun alle oben waren, wurde das Loch wieder zugedeckt und wir wurden von der Jungfrau freundlich empfangen.

(Wir waren in einem Saal), der so groß wie der Turm war. Er hatte sechs schöne Zellen, ein wenig höher als der Saal. Dahin mußte man über drei Staffeln hinaufsteigen. Auf diese Zellen wurden wir verteilt, um dort für das Leben von König und Königin zu bitten. Derweil ging die Jungfrau in den Türlein aus und ein, bis wir (mit dem Beten) fertig wurden.

Denn sobald wir unseren Prozeß durchlaufen, wurde durch das kleine Türlein von zwölf Personen, die zuvor unsere Musikanten waren, ein merkwürdiges längliches Ding in die Mitte gestellt, das meine Gesellen für einen Brunnen hielten. Ich aber merkte wohl, daß die Leichname darinnen lagen, denn es war der untere Kasten von ovaler Form, so groß, daß sechs Personen aufeinander liegen konnten. Hierauf gingen sie wieder hinaus und holten ihre Instrumente und begleiteten unsere Jungfrau samt ihren Dienerinnen mit lieblicher Musik herein. Die Jungfrau trug ein kleines Kästlein, die anderen nur Zweige und kleine Ampeln, etliche auch brennende Fackeln. Alsbald wurden uns die Fackeln in die Hand gegeben und wir mußten dergestalt um den Brunnen herumstehen: Zuerst stand die Jungfrau A mit ihren Mädchen im Kreis herum, mit ihren Ampeln und Zweigen. Danach standen wir mit den Fackeln B. Danach die Musikanten A der Länge nach, endlich die anderen Jungfrauen D, auch der Länge nach (d. h. in einer Reihe). Wo nun diese Jungfrauen herkamen, ob sie im Turm gewohnt oder ob sie bei Nacht dahin geführt worden waren, weiß ich nicht, denn ihre Angesichter waren alle mit einem weißen zarten Tuch bedeckt, daß ich keine erkannte.

Hiermit öffnete die Jungfrau das Trühlein. Da war ein rundes Ding in grünen Taft eingewickelt. Dies legte sie in das obere Kesselchen und deckte es wieder mit einem Deckel zu, der voller Löcher war und einen Rand hatte. Darauf goß sie etwas von dem Wasser hinein, das wir gestern präpariert hatten. Davon fing der Brunnen an zu laufen. Vier Röhrchen gingen von dem Kessel aus, darunter befand sich ein zweiter mit vielen Spitzen, an denen die Jungfrauen ihre Ampeln steckten, damit Hitze an den Kessel kam und das Wasser siedend wurde.

Als nun das Wasser aufwallte, hatte es bei A viele Löcher, durch die es auf die Leichname tropfte. Es war so hitzig, daß es alle Leichname auflöste und sie verflüssigte. Was aber das obere runde eingewickelte Ding war, wußten meine Gesellen noch nicht. Ich aber verstand, daß es des Mohren Kopf war, von dem die Wasser solche große Hitze empfingen. Bei B um den großen Kessel herum hatte es abermals viele Löcher. Dahinein steckten sie ihre Zweige. Ob das nötig oder nur als Zeremonie gemeint war, weiß ich nicht. Gleichwohl sind die Zweige immer vom Brunnen bespritzt worden. Deshalb tropfte es dort ein wenig gelblicher in den Kessel. Dies dauerte fast zwei Stunden, während der Brunnen noch immer von selber lief, jedoch wurde er je länger desto schwächer.

Inzwischen traten die Musikanten ab und wir spazierten im Saal hin und her. Der Saal war so beschaffen, daß wir genug Gelegenheit hatten, uns die Zeit zu vertreiben. An Bildern, Gemälden, Uhrwerken, Orgeln, springenden Brünnlein und dergleichen fehlte es nicht. Nun kam es, daß ein Brunnen aufhörte und nicht mehr laufen wollte. Deswegen ließ die Jungfrau eine goldene Kugel bringen. Unter dem Brunnen war ein Zapfen. Durch den ließ sie alle Materie, die sich in hitzige Tropfen aufgelöst hatte, in die Kugel rinnen. Es waren schließlich etliche Maß und sehr rot. Das andere Wasser, das oben im Kessel blieb, schüttete man aus. Diesen um vieles leichter gewordenen Brunnen trug man hinaus. Ob er nun draußen geöffnet wurde oder ob etwas anderes den Leichnamen Nützliches zurückblieb, darf ich nicht sagen. Ich weiß aber, daß das in der Kugel aufgefangene Wasser viel schwerer war, als daß wir sechs oder noch mehr sie hätten tragen können, obwohl sie der Größe nach für einen Mann nicht zu schwer hätte sein müssen.

Als nun auch diese Kugel mit Mühe zur Tür hinausgebracht worden war, saßen wir wieder allein da. Ich bemerkte aber, daß man über uns umherging. Deshalb sah ich mich nach meiner Leiter um. Hier hätte einer wunderliche Meinungen über diesen Brunnen bei meinen Gesellen gefunden. Weil sie meinten, die Leichname lägen im Schloßgarten, wußten sie den Sinn dieses Laborierens nicht. Ich aber dankte Gott, daß ich zur rechten Zeit aufgewacht war und gesehen hatte, was mir das Tun der Jungfrauen besser verstehen half.

Nach einer Viertelstunde wurde der Deckel oben abgehoben und uns befohlen hinaufzukommen. Das geschah wie zuvor mit Flügeln, Leitern und Seilen. Es verdroß mich nicht wenig, daß die Jungfrauen einen andern Weg hinaufkommen konnten, wir uns aber so bemühen mußten. Doch ich merkte, daß es sich hier um etwas Besonderes handelte, auch mußten wir dem alten Mann etwas zu tun lassen. Jenen nutzten ihre Flügel nichts, wenn sie durchs Loch hinaufkommen wollten.

Als wir das auch überstanden hatten und das Loch zugeschlossen war, sah ich die Kugel mitten im Saal an einer starken Kette hängen. In diesem Saal war nichts als nur Fenster und je zwischen zwei Fenstern eine Tür. Diese bedeckte einen einzigen großen polierten Spiegel. Fenster und Spiegel waren optisch so zueinander gerichtet, daß die Sonne, die dazumal über die Maßen hell schien, nur eine Türe traf. So war dann, nachdem die Fenster gegen die Sonne geöffnet waren, desgleichen die Türen vor den Spiegeln, in dem ganzen Saal, an allen Orten nichts als Sonne. Die Strahlen trafen durch künstliche Lichtbrechung alle die goldene Kugel, die in der Mitte hing. Und weil dieselbe ohnedies poliert war, gab sie einen solchen Glanz, daß keiner von uns die Augen auftun konnte. Wir mußten deswegen solange zu den Fenstern hinausschauen, bis die Kugel genug erhitzt und zum begehrten Effekt gebracht war.

Hier darf ich wohl sagen, ich habe an diesen Spiegeln den wunderbarsten Anblick gehabt, den die Natur jemals ans Licht brachte, denn es waren an allen Orten Sonnen, und die Kugel in der Mitte schien noch heller, daß wir sie ebensowenig wie die Sonne selbst einen Augenblick ertragen konnten. Endlich ließ die Jungfrau die Spiegel schließen und die Fenster zumachen, um die Kugel wieder ein wenig abkühlen zu lassen, und dies geschah um sieben Uhr. Das hielten wir für gut, weil wir jetzt Zeit hatten, uns mit einem Frühstück ein wenig zu stärken. Diese Bewirtung war abermals recht philosophisch; keiner von uns war zur Unmäßigkeit veranlaßt, und doch hatten wir keinen Mangel. So machte uns die Hoffnung auf künftige Freude, auf die uns die Jungfrau stetig vertröstete, so lustig, daß wir keine Arbeit oder Ungelegenheit scheuten.

Um der Wahrheit willen muß ich auch meinen Gesellen von hohem Stand nachsagen, daß ihnen weder die Küche noch die (Genüsse der) Tafel wichtig waren, sondern daß sie ihr Wohlgefallen allein fanden, sich mit solch abenteuerlicher Physik abzugeben, um hieraus des Schöpfers Weisheit und Allmacht zu bedenken.

Nach dem Imbiß rüsteten wir uns wieder zur Arbeit, denn die Kugel war genügend abgekühlt. Wir mußten sie mit Mühe und Arbeit von der Kette auf den Boden herablassen. Nun gab's einen Disput darüber, wie wir die Kugel auseinanderbringen könnten, denn uns war befohlen, sie in der Mitte auseinanderzuschneiden. Endlich mußte ein scharfer Diamant das Werk tun. Als wir die Kugel geöffnet hatten, war kein Rot mehr vorhanden, sondern ein schönes großes, schneeweißes Ei. Das freute uns sehr, daß es so wohl geraten war. Denn die Jungfrau sorgte immer, die Schale würde vielleicht noch zu weich sein.

Mit Freuden standen wir um das Ei herum, als ob wir's gelegt hätten. Aber die Jungfrau ließ es bald hinaustragen, ging auch selbst wieder von uns fort und schloß die Tür, wie gewöhnlich, zu. Was sie aber mit dem Ei gemacht oder ob etwas Heimliches mit ihm unternommen wurde, weiß ich nicht, glaube es aber auch nicht. Wir mußten abermals eine Viertelstunde miteinander pausieren, bis das dritte Loch geöffnet wurde und wir auf den vierten Stock oder Boden kamen. In diesem Saal fanden wir einen großen kupfernen Kessel, angefüllt mit gelbem Sand. Der wurde durch ein einfaches Feuer erwärmt, dann das Ei darin vergraben, damit es vollends reifte. Der Kessel war viereckig. Auf der einen Seite standen diese zwei Verse mit großen Buchstaben geschrieben:

O. BLI. TO. BIT. MI. LI.
KANT.I. VOLT. BIT. TO. GOLT.
Auf der andern Seite waren diese drei Wörter:
SANITAS. NIX. HASTA.
Die dritte hatte nur das einzige Wort:
F.I.A.T.
Aber zuletzt stand eine ganze Inschrift, die lautete:
QUOD*

---

* Während die ersten Zeilen kaum mit Sicherheit zu deuten sind, lauten die unteren:
«Was Feuer, Luft, Wasser, Erde, unserer Könige und Königinnen heilige Aschen nicht zu entreißen vermochten, hat die treue Schar der Alchymisten in diese Urne gesammelt.»

Ignis: Aer: Aqua: Terra:
SANCTIS REGUM ET REGINARUM NOSTR:
Cineribus. Eripere non potuerunt.
Fidelis Chymicorum Turba
IN HANC URNAM
Contulit,
Ao.

Ob nun hiermit der Sand oder das Ei gemeint ist, gebe ich gelehrten Leuten zu disputieren. Ich tu das Meinige und lasse nichts unangezeigt.

Als nun unser Ei fertig war, wurde es herausgenommen. Es bedurfte aber keines Aufpickens, denn der Vogel, der darinnen war, machte sich selbst frei und erzeigte sich ganz freudig, doch er sah sehr blutig und ungestalt aus. Wir setzten ihn zuerst auf den warmen Sand. Die Jungfrau befahl, daß wir ihn, bevor wir ihm zu essen gaben, fest anbänden, sonst würde er uns viel zu schaffen machen. Das geschah auch. Bald brachte man ihm zu essen. Das war gewiß nichts anderes als das Blut der Enthaupteten, mit dem präparierten Wasser wieder flüssig gemacht. Dadurch wuchs der Vogel vor unseren Augen so sehr, daß wir einsahen, warum uns die Jungfrau vor ihm gewarnt hatte. Er biß und kratzte so feindselig um sich, daß, hätte er einen zu fassen bekommen, er bald mit ihm fertig geworden wäre.

Weil er so schwarz und wild war, wurde ihm andere Speise gebracht, vielleicht das Blut einer anderen königlichen Person. Davon fielen ihm alle seine schwarzen Federn wieder aus. Es wuchsen ihm schneeweiße Federn. Nun war er auch etwas zahmer und ließ sich leichter behandeln, wir trauten ihm jedoch nicht. Durch die dritte Speise fingen seine Federn an, so schön gefärbt zu werden, daß ich mein Lebtag nicht dergleichen schöne

Farben gesehen habe. Auch war er über die Maßen zahm, daß er freundlich gegen uns war und wir ihn mit Zustimmung der Jungfrau aus seiner Gefangenschaft befreiten. – Nun ist es billig, begann die Jungfrau, daß er mit Freuden eingeweiht (gefeiert) werde, weil dem Vogel durch euern Fleiß und unseres Alten Einwilligung die höchste Vollendung gegeben wurde. – Hiermit befahl sie, das Mittagsmahl aufzutragen und uns zu erholen, weil nun das beschwerlichste Werk getan und es sich gebührte, nach getaner Arbeit zu genießen.

Wir fingen an, miteinander lustig zu sein, hatten wir doch noch alle unsere Trauerkleider an, was zu unserer Freude nicht recht paßte. Nun fragte uns die Jungfrau immer wieder, etwa um zu erforschen, wer unter uns ihrem Vorhaben besonders dienlich sein könnte. Am meisten war es ihr um das Schmelzen zu tun, und es gefiel ihr wohl, wenn einer von uns mit den genauen Handgriffen vertraut war, wie sie einem Künstler wohl anstehen.

Das Mittagessen währte nicht länger als eine Dreiviertelstunde. Wir brachten es großenteils mit unserem Vogel zu, dem wir stetig von unserer Speise zu essen geben mußten. Er behielt aber jetzt seine Größe. Nach dem Essen ließ man uns nicht lange Ruhe, sondern nachdem die Jungfrau samt Vogel von uns geschieden, wurde uns der fünfte Saal geöffnet, in den wir in der schon beschriebenen Weise kamen und unsere Dienste anboten.

In diesem Saal war unserem Vogel ein Bad zubereitet. Es wurde mit einem weißen Pulver so gefärbt, daß es aussah, als wäre es lauter Milch. Es war zunächst kühl, als man den Vogel hineinsetzte, womit er wohl zufrieden war, daraus trank und spielte. Nachdem es aber durch daruntergesetzte Ampeln zu erwärmen anfing, hatten wir Mühe, ihn im Bad zu halten, weswegen wir einen Deckel auf den Kessel taten. Den Kopf ließen wir durch ein Loch herausragen, bis er in diesem Bad alle seine Federn verloren hatte und so glatt wie ein Mensch wurde. Die Hitze schadete ihm nicht weiter, was mich recht verwunderte, denn es wurden in dem Bad die Federn ganz verzehrt und das Bad blau gefärbt. Endlich ließen wir den Vogel an die Luft. Er sprang von selbst aus dem Kessel und war so glänzend glatt, daß es eine Lust war, ihn anzusehen.

Weil er aber etwas wild wurde, mußten wir ihm ein Band samt einer Kette um den Hals legen und damit im Saal auf und ab führen. Inzwischen wurde ein starkes Feuer unter dem Kessel gemacht und das Bad ein-gekocht, bis es ganz zu einem blauen Stein wurde. Den nahmen wir heraus, zerstießen ihn zuerst, dann mußten wir ihn auf einem Stein anreiben und schließlich mit dieser Farbe dem Vogel seine ganze Haut übermalen. Da war er noch wunderlicher anzusehen, denn er war ganz blau, bis an den Kopf; der blieb weiß.

Damit war unsere Arbeit auf diesem Stock verrichtet und wir wurden, nachdem die Jungfrau mit ihrem blauen Vogel von uns geschieden, auf den sechsten Stock durchs Loch beordert, was auch geschehen. Da wurden wir sehr bekümmert, denn in der Mitte wurde ein Altärlein gestellt, so wie ich es oben in des Königs Saal beschrieben. Darauf standen die sechs zuvor er-wähnten Sachen, der Vogel war der siebte Gegenstand. Zuerst wurde das Brünnlein vor ihn hingestellt, daraus er einen guten Trunk nahm. Dann pickte er solange in die weiße Schlange, bis sie heftig blutete. Dieses Blut mußten wir in einer goldenen Schale auffangen und dem Vogel, der sich heftig sträubte, in den Hals hin-unterschütten. Darauf steckten wir den Kopf der

Schlange in das Brünnlein. Davon wurde sie wieder lebendig und kroch in den toten Kopf hinein, daß ich sie lange nicht mehr sah.

Unterdes bewegte sich die Sphära immer fort, bis sie die gewünschte Konjunktion hergestellt hatte. Das Ührlein schlug eins. Hierauf geschah abermals eine bestimmte Konjunktion. Da schlug das Glöcklein zwei. Als endlich die dritte Konjunktion von uns beobachtet und vom Glöcklein gemeldet wurde, legte der arme Vogel selbst seinen Hals demütig auf das Buch nieder und ließ sich durch einen von uns den Kopf gutwillig abschlagen. Doch er gab keinen Tropfen Blut, bis er an der Brust geöffnet wurde; da sprang das Blut so frisch und hell heraus, als ob es ein Rubinbrünnlein wäre. Sein Tod ging uns zu Herzen. Wir dachten, es würde uns nur mit einem Vogel nicht geholfen sein. Deswegen ließen wir's geschehen, räumten das Altärlein ab und halfen der Jungfrau, den Leib auf dem Altärlein mit Feuer, das vom Lichtlein genommen wurde, samt dem anhängenden Täfelchen zu Asche zu verbrennen. Dieselbe wurde nachher etliche Male gereinigt und in einer Lade von Zypressenholz aufbewahrt.

Hier kann ich nicht verschweigen, was mir mit noch drei Gesellen für ein Streich gespielt wurde. Nachdem wir also die Asche sorgfältig gesammelt hatten, fing die Jungfrau zu reden an: Liebe Herren, wir sind hier im sechsten Saal und haben nur noch einen vor uns. Dann endet unsere Mühe und wir fahren wieder zu unseren allergnädigsten Herren und Frauen in unser Schloß zurück. Nun möchte ich gleichwohl wünschen, ihr hättet euch derart verhalten, daß ich über euch bei König und Königin Rühmendes berichten und die gebührende Belohnung erwirken könnte. Ich habe aber unter euch diese vier Laboranten als faul und träge gefunden – und dabei deutete sie auf mich und auf drei andere. Da ich Liebe gegen jeden empfinde, möchte ich sie nicht der verdienten Strafe überantworten. Doch da solche Nachlässigkeit nicht ungestraft bleiben kann, so sollen sie von der bevorstehenden siebenten und allerherrlichsten Aktion ausgeschlossen werden. So braucht Seine königliche Majestät später nichts weiter gegen sie zu veranlassen.

Wie mir nach solcher Rede zu Mute gewesen, gebe ich anderen zu bedenken, denn die Jungfrau konnte sich so ernst stellen, daß wir uns als die unseligsten unter allen Menschen einschätzten. Hierauf ließ die Jungfrau durch eine der Dienerinnen – es waren immer viele zugegen – die Musikanten holen. Die mußten uns mit ihren Zinken mit solchem Spott und Hohn zur Tür hinausblasen, daß dieselben vor Lachen kaum noch blasen konnten. Ganz besonders aber verdroß uns, daß die Jungfrau über unser Weinen, Zorn und Ungeduld noch lachte. Auch mögen unter unseren Gesellen welche gewesen sein, die uns dies Unglück gönnten. Aber es ging anders aus.

Denn sobald wir vor die Tür kamen, hießen uns die Musikanten fröhlich sein und ihnen die Wendeltreppe hinauf nachfolgen. Sie führten uns zum siebenten Boden unter das Dach. Da fanden wir den alten Mann, den wir bisher nicht gesehen, vor einem kleinen runden Ofen stehen. Dieser empfing uns freundlich. Er gratulierte uns von Herzen, daß wir von der Jungfrau hierzu erwählt worden wären. Nachdem er von unserem anfänglichen Schrecken gehört, wollte ihm vor Lachen schier der Bauch bersten, daß wir uns bei solchem Glück so übel gefühlt hätten: So lernt nun hieraus – sprach er – liebe Söhne, daß der Mensch nie weiß, wie gut es Gott mit ihm meint!

Über diesem Gespräch kam auch die Jungfrau mit ihrem Schächtelchen daher, die, nachdem sie über uns genug gelacht, die Asche in ein anderes Gefäß leerte. Ihres füllte sie mit anderer Materie, indem sie mitteilte, sie müßte jetzt den andern Künstlern etwas Blaues vor Augen machen. Wir sollten einstweilen dem alten Herren folgen, tun, was er befehlen würde, und mit unserem bisherigen Fleiß nicht nachlassen.

Hiermit schied sie von uns in den siebten Saal, dahin sie unsere Gesellen beorderte. Was sie da mit ihnen gemacht, kann ich nicht wissen, denn es war ihnen nicht nur zu sagen verboten, sondern wir konnten eigener Geschäfte wegen auch nicht zusehen.

Unsere Arbeit war diese: Wir mußten die Asche mit unserem zuvor präparierten Wasser anfeuchten, daß sie wie ein dünner Teig wurde.

Danach setzten wir die Materie über das Feuer, bis sie gut heiß wurde. Dann gossen wir sie in zwei Formen oder Modeln und ließen sie ein wenig abkühlen. Wir hatten wenig Zeit, unseren Gesellen eine Weile durch einen Spalt zuzusehen. Sie waren nun mit dem Ofen beschäftigt, und jeder mußte mit einem Rohr selbst das Feuer aufblasen. Sie standen also blasend herum, daß ihnen beinahe der Atem ausgegangen wäre, und meinten noch wunder, wiewohl sie vor uns dran wären. Das Blasen dauerte so lange, bis uns unser Alter wieder zur Arbeit aufrief, so daß ich nicht sagen kann, was nachher geschah.

Wir öffneten die Formen. Es lagen zwei helle und fast durchscheinende Bilder darin, wie sie Menschenaugen niemals gesehen, ein Knäblein und ein Mädchen, jedes nur vier Zoll lang. Und was mich am meisten wunderte, sie waren nicht hart, sondern weich und fleischern wie ein anderer Mensch, doch hatten sie kein Leben. Ich glaube fest, das Bild der Frau Venus werde auch auf solche Art gemacht worden sein.

Diese engelschönen Kinder legten wir zuerst auf

zwei Atlas-Kissen und besahen sie eine gute Weile, daß wir über der Betrachtung uns selbst vergaßen. Der alte Herr wehrte ab und befahl, immer ein Tröpflein nach dem andern vom Blut des Vogels, das in die goldene Schale aufgefangen worden war, in den Mund der Figuren fallen zu lassen. Dadurch nahmen sie augenscheinlich zu. Und da sie zuvor noch klein waren, wurden sie jetzt auch der Proportion nach noch schöner, daß alle Maler hätten hier sein sollen. Vor diesem Geschöpf der Natur hätten sie sich ihrer Kunst schämen sollen.

Nun fingen sie an so groß zu werden, daß wir sie von dem Kissen aufheben und auf einen langen Tisch legen mußten, welcher mit weißem Samt bedeckt war. Der Alte befahl uns, sie mit einem weißen zarten Taft bis an die Brust zu bedecken, was uns um ihrer unaussprechlichen Schönheit willen fast zuwider war. Um es kurz zu machen: Ehe wir das Blut ganz verbraucht hatten, waren sie schon richtig erwachsen, hatten goldgelbe Haare, und die erwähnte Venus-Gestalt war an ihnen gemessen ein Nichts.

Aber da war noch keine natürliche Wärme und Empfindlichkeit. Sie waren tote Bilder, doch mit lebendiger und natürlicher Farbe. Und weil zu befürchten war, daß sie zu groß würden, wollte ihnen der Alte nichts mehr geben lassen, sondern deckte mit dem Tuch auch noch das Gesicht zu und ließ den Tisch ringsherum mit Fackeln umstecken. – Hier muß ich den Leser warnen, daß er diese Lichter nicht für notwendig erachte, denn es war allein des Alten Absicht, daß wir nicht merken sollten, wann die Seele in sie führe. Das wäre mir auch nicht aufgefallen, wenn ich die Flammen zuvor nicht zweimal gesehen hätte. Doch ich ließ die drei anderen in ihrem Glauben. So wußte der Alte auch nicht, daß ich etwas gesehen hatte.

Nun hieß er uns auf der Bank gegenüber dem Tisch niedersitzen. Bald kam auch die Jungfrau mit Musik und allem Beiwerk. Sie trug zwei schöne weiße Kleider, dergleichen ich im Schloß nie gesehen, auch nicht beschreiben kann, denn ich meinte, sie wären lauter Kristall. Aber sie waren weich und nicht durchscheinend. Sie legte sie auf dem Tisch nieder, und nachdem sie ihre Jungfrauen auf den Bänken angeordnet, fingen sie und der Alte um den Tisch herum ihr Gaukelwerk an, das uns zur Ablenkung veranstaltet wurde. Das geschah, wie gesagt, unter dem Dach, das so wunderlich geformt war, nämlich aus sieben gewölbten Halbkugeln. Die mittlere war etwas höher und hatte zuoberst ein kleines rundes Loch, das doch verschlossen gewesen und von keinem beobachtet worden war.

Nach vielen Zeremonien traten noch sechs Jungfrauen hinein. Jede trug eine große Posaune, die war mit grüner, hellbrennender Materie wie mit einem Kranz umwickelt. Eine empfing der Alte, und nachdem er zuoberst etliche Lichter weggeräumt und ihre Gesichter aufgedeckt hatte, setzte er eine der Posaunen dem Leichnam an den Mund, und zwar so, daß der obere Teil auf das erwähnte Loch in der Decke gerichtet war.

Meine Gesellen blickten auf die Bilder (der menschenähnlichen Figuren), ich aber hatte andere Gedanken. Denn als das Laubwerk oder der Kranz am Rohr angezündet wurde, sah ich, wie sich das obere Loch öffnete und ein heller Feuerstreifen durch das Rohr herabschoß und in den Leichnam fuhr. Darauf wurde das Loch wieder zugedeckt und die Posaunen weggeräumt. Durch dieses Spiel wurden meine Gesellen betrogen, daß sie meinten, das Leben wäre in dem Menschenbild durch das Feuer des Laubwerks verursacht. Denn sobald es die Seele empfangen, tat es die Augen auf und zu, doch bewegte es sich fast nicht. – Zum anderen Mal stellte er ein anderes Rohr auf den Mund, zündete es an, und die Seele wurde durchs Rohr herabgelassen. Dies geschah bei jedem dreimal.

Darauf wurden alle Lichter ausgelöscht und weggenommen und die Samtdecke des Tisches über die beiden Menschenbilder zusammengeschlagen. Ein Reisebett wurde aufgeschlagen und gerichtet. Sie wurden eingewickelt dorthin getragen. Man nahm sie aus der Decke heraus und legte sie fein nebeneinander. Unter den zugezogenen Vorhängen schliefen sie eine gute Weile.

Nun war es auch Zeit, daß die Jungfrau nachsah, wie sich unsere anderen Künstler verhielten. Die waren wohlgemut, denn wie mir die Jungfrau nachher erzählte, mußten sie am Gold(prozeß) laborieren. Das ist wohl auch ein Teil dieser Kunst, aber nicht der vornehmste, nötigste und beste. Zwar hatten sie auch einen Teil dieser Asche, daß sie nichts anderes meinten, als daß die Sache mit dem Vogel nur um des Goldes willen geschehen wäre und daß dem Entleibten hierdurch das Leben wiedergegeben worden wäre.

So saßen wir nun still da, um zu erwarten, wenn unsere Eheleute erwachen würden. Das dauerte etwa eine halbe Stunde. Jetzt stellte sich der mutwillige Cupido wieder ein. Und nachdem er uns nacheinander begrüßt, flog er zu ihnen unter den Vorhang und neckte sie so lange, bis sie erwachten. Dies geschah ihnen mit großer Verwunderung. Sie meinten, daß sie von der Stunde ihrer Enthauptung bis jetzt geschlafen hätten. Nachdem Cupido sie geweckt und sie einander sich zu erkennen gegeben, hielt er sich ein wenig beiseite, damit sich beide noch besser erholen könnten. Inzwischen trieb er seine Neckerei mit uns. Man mußte ihm die Musik holen und etwas fröhlicher sein.

Nicht lange danach kam die Jungfrau. Und nachdem sie den jungen König und die Königin, die sich etwas matt fühlten, untertänig salutiert und die Hände geküßt, brachte sie die zwei erwähnten schönen Kleider, welche sie anzogen und damit vortraten. Zwei schöne Sessel waren vorbereitet. Darein setzten sie sich und wurden von uns mit untertänigster Reverenz begrüßt, wofür sich der König selbst auf das allergnädigste bedankte.

Es war inzwischen fünf Uhr geworden. Sie konnten deshalb nicht länger säumen, und sobald die wichtigsten Sachen zusammengetragen waren, mußten wir die jungen königlichen Personen die Wendeltreppe hinab durch alle Tore und Wachen hinaus zum Schiff geleiten. Dahinein setzten sie sich samt etlichen Jungfrauen und dem Cupido. Sie fuhren so schnell davon, daß wir sie bald aus dem Blick verloren, doch war man ihnen, wie ich hörte, mit etlichen stattlichen Schiffen entgegengezogen, daß sie in vier Stunden etwa vier Meilen übers Meer fuhren.

Nach fünf Uhr wurde den Musikanten befohlen, alle Sachen wieder hinab auf die Schiffe zu tragen und sich zur Wegfahrt fertig zu machen. Weil aber das ziemlich langsam vor sich ging, ließ der alte Herr einen Teil seiner verborgenen Soldaten heraus. Die waren bisher im Wall versteckt gewesen, was wir nicht wahrgenommen. Dabei merkte ich, daß der Turm zum Widerstand wohl geeignet war. Mit unserem Plunder waren die Soldaten bald fertig. Es war weiter nichts mehr zu tun, als das Nachtessen einzunehmen.

Wie nun die Tische zubereitet waren, brachte uns die Jungfrau wieder zu unseren Gesellen. Da mußten wir uns ziemlich kläglich stellen und das Lachen verbergen. Sie aber schmollten immer, wiewohl auch etliche mit uns Mitleid hatten. Beim Nachtessen war auch der alte Herr unter uns; er war uns ein genauer Inspektor. Denn keiner konnte etwas hervorbringen. Immer wußte er es zu widerlegen oder zu verbessern oder eine gute Lehre dazu zu geben. Bei diesem Herrn habe ich am meisten gelernt. Es wäre wohl gut, daß sich jeder an ihn hielte und sich nach ihm richtete, so würde manches besser ausgehen.

Nach dem Nachtimbiß führte uns der alte Herr erst in seine Kunstkammern, die da und dort auf den Basteien waren. Da sahen wir wunderliche Geschöpfe der Natur, auch andere Sachen, die die menschliche Vernunft der Natur nachgestaltet. Wir hätten wohl noch ein Jahr lang genug zu sehen gehabt. Dies trieben wir noch bei Licht bis lang in die Nacht hinein. Endlich waren wir eher geneigt zu schlafen als immer noch Fremdartiges zu sehen. So wurden wir in Kammern einlogiert und hatten da in dem Wall nicht allein gute Betten, sondern auch über die Maßen zierliche Kammern. Das wunderte uns um so mehr, als wir gestern so leiden mußten. In einer solchen Kammer hatte ich eine gute Ruhe. Und weil ich viele meiner Sorgen los war, half mir des Meeres stilles Rauschen zu einem starken und sanften Schlaf, den ich samt einem Traum von elf Uhr bis morgens um acht Uhr fortsetzte.

Siebter Tag

Als ich nach acht Uhr erwachte und mich schnell angekleidet hatte, wollte ich mich wieder in den Turm hineinbegeben. Aber es gab in dem Wall so viele finstere Gänge, daß ich eine gute Weile herumirrte, ehe ich einen Ausgang fand. Das geschah anderen auch, bis

Der Tempel der Weisen und die sieben Stufen, die zu ihm führen. Er wird auch «Berg der Adepten» genannt und ist umsäumt von den vier Elementen Feuer und Luft, Wasser und Erde. Der Zodiakus im Hintergrund symbolisiert die Zeit. Unten rechts der verblendete Mensch (mit Augenbinde), unten links «der Forscher, der dem Instinkt der Natur folgt» (C. G. Jung)

wir endlich in dem untersten Gewölbe wieder zusammenkamen. Da wurden uns ganz gelbe Kutten samt unseren goldenen Vliesen gegeben. Die Jungfrau bedeutete uns, wir wären nun Ritter zum Goldenen Stein, was wir zuvor nicht wußten.

Nachdem wir uns fertig gemacht und das Frühstück eingenommen hatten, verehrte der alte Mann jedem ein Stück Gold. Auf der einen Seite standen diese Worte:

AR. NAT. MI.
(Ars naturae ministra, d. h. Die Kunst ist die Dienerin der Natur.)

Auf der anderen Seite stand:

TEM. NA. F.
(Temporis natura filia, d. h. Die Natur ist die Tochter der Zeit.)

Auch ermahnte er uns, wir sollten wider diese Losung nicht handeln.

Wir zogen auf das Meer hinaus, wo unsere Schiffe so köstlich vorbereitet waren, daß es nicht gut möglich schien, daß man diese schönen Sachen erst jetzt hergebracht hatte. Es waren zwölf Schiffe, sechs von uns und sechs des alten Herrn. Der ließ seine Schiffe mit lauter herausgeputzten Soldaten besetzen. Er begab sich in unser Schiff, wo wir alle beieinander waren. Ins erste setzten sich die Musikanten, von denen der alte Herr auch eine große Anzahl hatte, die fuhren vor uns her, um uns die Zeit zu vertreiben. Unsere Fahnen waren die zwölf himmlischen Zeichen. Wir saßen im Schiff mit dem Waage-Zeichen. Neben anderem hatte unser Schiff auch eine herrlich schöne Uhr, die alle Minuten anzeigte.

Das Meer war so still, daß es eine besondere Lust war zu fahren. Das beste war das Gespräch des Alten. Der konnte uns mit wunderlichen Geschichten die Zeit dermaßen vertreiben, daß ich mein Leben lang mit ihm hätte fahren mögen. Mittlerweile kamen die Schiffe mächtig schnell voran, denn ehe wir zwei Stunden gefahren waren, sagte uns der Seemann, er sehe bereits fast die ganze See mit Schiffen bedeckt. Demnach konnte man annehmen, man zöge uns entgegen. Das war auch wahr, denn sobald wir durch die erwähnte Flußenge aus dem Meer in den See kamen, hielten da an die fünfhundert Schiffe, unter denen eines von lauter Gold und Edelgestein schimmerte. Darin saßen König und Königin samt hochgeborenen Herren, Frauen und Jungfrauen. Sobald man unser ansichtig geworden, ließ man alle Kanonen losschießen, und es war von Posaunen, Trompeten und Heertrommeln ein solcher Lärm, daß alle Schiffe auf dem See zitterten.

Endlich, als wir herangekommen waren, umringten sie unsere Schiffe und hielten still. Der alte Atlas hielt im Auftrag des Königs eine kurze, aber zierliche Ansprache. Er hieß uns willkommen mit der Frage, ob die Gabe für den König zugerüstet sei.

Meine anderen Gesellen wunderten sich sehr, daß der König bereits auferstanden sei, denn sie meinten, sie müßten ihn erst wiedererwecken. Wir ließen sie in ihrer Verwunderung und stellten uns, als schiene es auch uns merkwürdig.

Nach der Anrede des Atlas trat unser Alter vor und antwortete ausführlich, indem er dem König und der Königin alles Glück und Mehrung wünschte und eine kleine zierliche Truhe übergab. Was darinnen war, weiß ich nicht. Es wurde dem zwischen beiden umhergehenden Cupido zur Aufbewahrung anvertraut. Danach ließ man abermals Freudenschüsse abgeben, und wir fuhren eine gute Zeit miteinander dahin, bis wir endlich zu einem anderen Gestade kamen. Das war nahe der ersten Pforte, durch die ich zuerst hineingekommen war.

Auf dem Platz warteten abermals eine große Menge des königlichen Hofgesindes samt etlichen hundert Pferden. Sobald wir nun ans Land gestoßen und ausgestiegen waren, boten uns der König und die Königin die Hand mit besonderer Freundlichkeit, und wir mußten zu Pferd sitzen. – Hier will ich den Leser freundlich gebeten haben, er wolle mir die folgende Erzählung zu keinem eigenen Ruhm oder Stolz auslegen, sondern er wolle mir zutrauen, daß ich ohne Notwendigkeit über die mir widerfahrene Ehre schweigen wollte.

Wir wurden alle nacheinander unter die Herren verteilt. Unser alter Herr und ich Unwürdiger mußten neben dem König reiten. Jeder von uns trug eine schneeweiße Fahne mit einem roten Kreuz. Ich wurde um meines Alters willen benötigt, denn wir hatten beide lange graue Bärte und Haare. So hatte ich meine Zeichen auf dem Hut angeheftet, was der junge König bald merkte. Er fragte, ob ich der wäre, der die Zeichen unter dem Tor hätte lösen können. Ich antwortete untertänig: Ja. – Er aber lachte über mich und bemerkte, es bedürfe hinfort keiner Formalitäten, ich sei sein Vater. – Hierauf fragte er mich, womit ich die Fragen gelöst hätte. Ich antwortete, mit Wasser und Salz. Da verwunderte er sich, wer mich so weise gemacht habe. Hierauf wurde ich etwas mutiger und erzählte ihm, wie es mit meinem Brot, mit der Taube und dem Raben ergangen sei.

Er ließ es sich gefallen, sagte aber ausdrücklich, es müsse mir Gott besonders viel Glück hierzu verliehen haben. Da kamen wir zur ersten Pforte, an der der

Hüter mit der blauen Kleidung stand. Er trug eine Bittschrift in der Hand. Sobald er mich nun neben dem König erblickte, übergab er mir die Bittschrift mit dem untertänigen Ersuchen, ich möge seiner gegen mich erwiesenen Treue bei dem König gedenken. Nun fragte ich den König, wie es um diesen Hüter stehe. Der antwortete mir freundlich, er wäre ein berühmter trefflicher Astrologe, der bei seinem Herrn Vater in hohem Ansehen gestanden. Nun habe er sich einmal gegen Frau Venus versündigt und sie auf ihrem Ruhebett angeschaut, weswegen ihm die Strafe auferlegt wurde, solange die erste Pforte zu hüten, bis ihn jemand davon erlösen würde. Ich antwortete, ob er denn auch zu erlösen sei. Der König sprach: Ja, wenn jemand gefunden werde, der sich in gleicher Weise versündigt habe wie er. Der müsse an seiner Statt Wache stehen, und er wäre los.

Dies Wort ging mir zu Herzen, denn mein Gewissen überführte mich, daß ich der Täter sei, doch schwieg ich still und übergab hiermit die Bittschrift. Sobald er sie gelesen, erschrak er heftig, daß es auch die Königin merkte, die hinter uns mit unseren Jungfrauen und noch einer Königin ritt, deren ich oben beim Aufhängen der Gewichte gedachte. Sie fragte ihn, was dieser Brief zu bedeuten habe. Er aber wollte sich nichts anmerken lassen, sondern nahm den Brief an sich und begann, von anderen Sachen zu reden.

Gegen drei Uhr kamen wir in das Schloß hinein. Als wir abgestiegen waren und den König in den erwähnten Saal begleitet hatten, forderte er den alten Atlas zu sich in eine kleine Stube und zeigte ihm den Brief. Der säumte nicht lange und ritt zum Hüter hinaus, um die Sache genauer zu erkunden. Hierauf setzte sich der junge König mit seiner Gemahlin, anderen Herren,

Frauen und Jungfrauen nieder. Da fing unsere Jungfrau an, unseren bisherigen Fleiß, Mühe und Arbeit hoch zu rühmen, mit der Bitte, uns königlich zu entlohnen, sie selbst auch künftig in ihrem Amt zu belassen.

Auch der alte Herr stand auf und bezeugte, daß alles, was die Jungfrau gesagt, wahr und daß es deswegen billig sei, wenn beide Teile honoriert würden. Hierauf mußten wir ein wenig zurücktreten. Es wurde beschlossen, jeder solle einen Wunsch aussprechen, der erfüllt werden solle. Man zweifelte nicht, der Verständige würde auch den besten Wunsch tun. Nun sollten wir uns bis zum Nachtessen besinnen.

Mittlerweile begannen König und Königin der Kurzweil wegen zu spielen. Das sah dem Schach nicht unähnlich, hatte aber andere Spielregeln. Es kämpften Tugend und Laster gegeneinander. Da konnte man schön sehen, mit was für Praktiken das Laster der Tugend nachstellte und wie man begegnen konnte. Das ging so künstlerisch zu, daß es zu wünschen wäre, wir hätten ein ähnliches Spiel. Unter dem Spiel kam Atlas zurück und machte eine heimliche Mitteilung. Mir stieg die Röte ins Gesicht, denn mein Gewissen ließ mir keine Ruhe. Hierauf bot mir der König die Bittschrift selbst zu lesen. Ihr Inhalt war ungefähr dieser: Zuerst wünschte (der Hüter) dem König Glück und Mehrung, daß sein Same weit ausgebreitet werde. Dann zeigte er, wie nunmehr der Tag gekommen sei, an dem er der königlichen Zusage nach frei werden sollte, denn Venus sei bereits von einem der Gäste aufgedeckt worden. Diese Beobachtung könne nicht trügen. So solle nun die königliche Majestät scharf und fleißig nachforschen, um herauszufinden, daß seine Entdeckung wahr sei. Sollte es sich nicht bestätigen, wolle er sein Leben lang vor der Pforte bleiben. Er bitte deshalb auf das alleruntertänigste, man solle ihn bei Leibes- und Lebensgefahr am heutigen Nachtessen teilnehmen lassen. Er wolle den Täter selber erspähen und so zur gewünschten Befreiung gelangen.

Das war ausführlich und geschickt dargestellt. Dabei konnte ich seine Geistesart wohl wahrnehmen. Aber es war mir zu streng und ich hätte es am liebsten nicht gesehen. Nun dachte ich, ob ihm etwa durch meinen (noch offenen) Wunsch geholfen werden konnte. Ich fragte den König, ob er auf keine andere Weise frei werden könnte. Nein, antwortete der König, denn die Dinge haben ihre besondere Eigenart; doch können wir sein Begehren wegen des Nachtessens wohl gewähren. – Also schickte er einen hinaus, ihn hereinzuholen. Inzwischen wurden Tafeln in einem Saal zugerüstet, in dem wir zuvor nie gewesen. Der war die Vollkommenheit selbst und so beschaffen, daß es mir nicht möglich ist, mit der Beschreibung auch nur anzufangen. In diesen wurden wir mit besonderem Pomp und Zeremonien geführt.

Cupido war diesmal nicht anwesend. Denn wie ich hörte, hat ihn der Schimpf, der seiner Mutter widerfahren, ziemlich erzürnt. Kurzum: Meine Tat und die übergebene Bittschrift waren eine Ursache großer Traurigkeit. Dem König schien es bedenklich, seine Gäste auszuforschen, vor allem darum, daß es auch die, denen es noch unbewußt, erfahren würden. Er überließ also den Hüter, der bereits angekommen war, seiner genauen Beobachtung und stellte sich selbst so fröhlich wie möglich.

Doch man fing wieder an lustig zu werden und einander mit allerlei kurzweiligem Gespräch zu unterhalten. Wie nun die Behandlung und andere Gepflogenheiten damals gewesen, ist unnötig zu sagen, weil es dem Leser und meinem Vorhaben wenig dient. Wir wurden eher über die Maßen von Kunst und menschlicher Geschicklichkeit erfüllt als durch das Trinken beschwert. Und dies war das letzte und herrlichste Fest, bei dem ich gewesen.

Nach dem Bankett wurden die Tische schnell aufgehoben und etliche schöne Sessel im Kreis aufgestellt, in die wir uns neben dem König und der Königin, dem Alten, den Frauen und Jungfrauen niedersetzen mußten. Ein schöner Knabe öffnete das obenerwähnte herrliche Büchlein. Bald stellte sich Atlas in die Mitte und fing an folgendes zu uns zu sagen:

Die königliche Majestät habe noch nicht vergessen, was wir an ihr getan und wie fleißig wir unser Amt erfüllt. Sie hätte uns daher zur Vergeltung samt und sonders zu Rittern des Goldenen Steins erwählt. So sei nun vonnöten, daß wir uns nicht allein gegen königliche Majestät richtig verhalten, sondern auch folgende Artikel geloben. So werde alsdann die königliche Majestät ihrerseits wissen, wie sie sich zu ihren Bundesgenossen verhalten solle. Hierauf ließ er den Knaben die Artikel vorlesen. Es waren diese:

I. Ihr Herren Ritter sollt schwören, daß ihr euern Orden keinem Teufel oder Geist, sondern allein Gott, euerm Schöpfer, und dessen Dienerin, der Natur, jederzeit wollet zuschreiben.

II. Daß ihr alle Hurerei, Unzucht, Unreinigkeit hassen werdet und mit solchen Lastern euern Orden nicht beschmutzen werdet.

III. Daß ihr mit euren Gaben jedem, der es wert und bedürftig ist, zu Hilfe kommen werdet.

IV. Daß ihr solche Ehre nicht zu weltlicher Pracht und hohem Ansehen anwendet.

V. Daß ihr nicht länger leben wollt, als Gott es haben will.

Über diesen letzten Artikel mußten wir lachen. Er mag auch nur zum Scherz hinzugesetzt worden sein. Wie auch immer, wir mußten bei des Königs Szepter geloben. Hierauf wurden wir mit der üblichen Feierlichkeit zu Rittern installiert und außer anderen Privilegien über Unverstand, Armut und Krankheit gesetzt, um mit denselben nach unserm Gefallen zu handeln. Das alles wurde hernach in einer kleinen Kapelle, dahin wir in einer Prozession geführt wurden, bestätigt. Dafür dankte ich Gott. Zu Gottes Ehren habe ich mein goldenes Vlies und den Hut dort aufgehängt und zu ewigem Gedächtnis dort gelassen. Und weil jeder seinen Namen schreiben mußte, schrieb ich also:

> Summa scientia nihil scire.
> Fr. Christianus Rosenkreutz,
> Eques aurei Lapidis
> Anno 1459.
> (Höchstes Wissen ist nichts zu wissen,
> Bruder Christian Rosenkreutz,
> Ritter vom goldenen Stein, 1459.)

Andere schrieben anderes, jeder was ihm gut dünkte. Hierauf wurden wir wieder in den Saal gebracht und setzten uns nieder. Auch wurden wir ermahnt, wir sollten uns schnell besinnen, was jeder wünschen wollte. Der König hatte sich mit den Seinen in die kleine Stube gesetzt, um dort unsere Wünsche anzuhören.

Nun wurde jeder einzeln hineinbestellt, daß ich von keines einzigen Wunsch etwas sagen kann. Ich dachte, es wäre nichts Löblicheres, als wenn ich meinem Orden zu Ehren eine löbliche Tugend zeigte. Ich fand keine rühmlicher, die mir am sauersten erschien, nämlich Dankbarkeit zu erweisen. Wenn ich mir wohl etwas Lieberes hätte wünschen mögen, überwand ich mich selbst und beschloß, wenn auch unter Gefahr, meinen Wohltäter freizubekommen.

Als ich nun hineinbestellt wurde, zeigte man mir zuerst an, weil ich die Bittschrift gelesen, ob ich nichts vom Täter gemerkt oder vermutet hätte. Hierauf fing ich an unerschrocken zu berichten, wie alles zugegangen, wie ich aus Unverstand dahin geraten. Ich erbot mich, alles auf mich zu nehmen, worin ich gefehlt.

Der König und andere Herren verwunderten sich sehr über solch ein unerwartetes Bekenntnis und hießen mich ein wenig wegtreten. Sobald ich wieder vorgeladen war, zeigte mir Atlas an, es wäre der königlichen Majestät wohl schmerzlich, daß ich, den sie vor anderen geliebt, in dieses Mißgeschick geraten sei. Weil es ihr aber nicht möglich sei, sich über altes Herkommen hinwegzusetzen, wüßten sie mich nicht anders zu richten, als daß jener frei sein und ich an seiner Stelle wachen sollte. Sie hofften, daß sich bald einer vergreifen werde, damit ich heimkäme. Aber es sei wohl keine Erledigung der Sache vor ihres künftigen Sohnes Hochzeitsfest zu hoffen.

Dieses Urteil brachte mich beinahe ums Leben. Ich war mir und meinem schwatzhaften Maul feind, weil ich's nicht hatte verschweigen können. Endlich faßte ich doch ein Herz, und weil ich dachte, es mußte einmal sein, berichtete ich, wie mich dieser Hüter mit einem Zeichen beschenkt und bei den andern empfohlen habe.

Durch solche Hilfe hätte ich auf der Waage bestanden und sei der Ehr und Freude teilhaft geworden. So gebühre es sich, daß ich mich meinem Wohltäter gegenüber dankbar erweise. Und weil es nicht anders sein könne, bedankte ich mich für das Urteil und wollte gern deswegen dem etwas Ungelegenes tun, da er mir zu solchem Stand behilflich gewesen. Sollte aber durch meinen Wunsch etwas auszurichten sein, so wünschte ich mich wieder heim. So wäre dieser durch mich, ich aber durch meinen Wunsch befreit.

Mir wurde die Antwort: Das Wünschen erstrecke sich nicht so weit, sonst hätte ich ihn wohl loswünschen können. Doch gefiel es Ihrer königlichen Majestät wohl, daß ich mich so gut (ins Unvermeidliche) geschickt. Sie sorgten aber, ich wüßte noch nicht, in was für eine elende Lage ich mich durch solchen Fürwitz gebracht hätte.

Hiermit wurde der gute Mann freigesprochen, und ich mußte mit traurigem Herzen abtreten. Nach mir wurden auch die übrigen gerufen. Die kamen alle fröhlich heraus, was mir noch schmerzlicher war, denn ich meinte, ich müßte mein Leben unter dem Tor beschließen, grübelte auch hin und her, was ich anfange und womit ich die Zeit hinbringen solle. Endlich dachte ich, ich wäre ja schon alt und hätte natürlicherweise nur wenige Jahre noch zu leben. So würden mich Kummer und Melancholie leicht zugrunde richten, und mein Hüterdienst wäre aus. Vielleicht könnte ich mich durch seliges Schlafen bald ins Grab bringen. Solche Gedanken hatte ich mancherlei. Zuweilen verdroß mich, daß ich so schöne Sachen gesehen und ihrer wieder beraubt wurde. Zuweilen freute mich, daß ich vor meinem Ende doch noch zu allen Freuden gelangt war und nicht schändlich abziehen mußte. Dies war also der letzte und schlimmste Stoß, den ich erlitten.

Unter solchem meinem Trübsinn wurden die anderen fertig, und nachdem sie sich von dem König und Herrn verabschiedet hatten, wurde jeder in sein Gemach geführt. Ich armer Mann aber hatte keinen, der mir den Weg gezeigt hätte. Dazu mußte ich mich noch necken lassen. Und damit ich meiner künftigen Funktion gewiß wäre, mußte ich den Ring, den jener zuvor getragen, anstecken.

Endlich ermahnte mich der König, weil ich ihn jetzt zum letztenmal in solcher Gestalt sähe, sollte ich mich meinem Beruf gemäß und nicht etwa gegen den Orden stellen. Hierauf nahm er mich in den Arm und küßte mich, was ich alles dahingehend verstand, daß ich morgen an meinem Tor sitzen müßte. Nachdem sie alle noch eine Weile mit mir freundlich geredet und zuletzt die Hand gereicht, mich dem göttlichen Schutz befohlen, wurde ich durch die beiden Alten, den Herrn des Turms und durch Atlas in ein herrliches Gemach geführt, darin drei Betten standen. Jeder von uns legte sich in eines. Da brachten wir noch fast zwei...

Hier mangeln ungefähr zwei Quartblätter, und er, der Autor, der vermeinet, er müsse am Morgen Torhüter sein, ist heimgekommen.

Anhang

Zeittafel

1483–1546   Martin Luther

1493–1541   Theophrastus von Hohenheim, genannt
            Paracelsus

1555–1621   Johann Arndt, Autor von «Vier Bücher
            vom wahren Christentum»

1575–1624   Jakob Böhme, u. a. Autor von «Aurora
            oder Morgenröte im Aufgang» (1612)

1592–1670   Amos Comenius (Jan Komenský), Bischof
            der böhmischen Brüdergemeinde, Päd-
            agoge und Humanist

1586   17. August: Johann Valentin Andreae wird
            als Sohn des evangelischen Pfarrers Johann
            Andreae in Herrenberg bei Tübingen ge-
            boren

1601   Tod des Vaters; Übersiedlung der Familie
            nach Tübingen. Beginn des Studiums an
            der Universität Tübingen

1603   Bakkalaureus; erste literarische Arbeiten

1605   Magister der «freien Künste»

1607 ff.   Reisen u. a. nach Straßburg, Heidelberg,
            Frankfurt; Tätigkeit als Privatlehrer in
            Lauingen, als Hofmeister in Tübingen

1610   Zweite Reise nach Straßburg; Sprachstu-
            dien und Übersetzungen

1611/12   Reise nach Genf, Lyon, Paris und Basel,
            nach Österreich und Italien

1614–1620	Als Pfarrer (Diakonus) in Vaihingen
1614	Eheschließung mit Agnes E. Grüninger; «Fama Fraternitatis» erscheint anonym in Kassel
1615	«Confessio Fraternitatis» erscheint in Frankfurt/Main
1616	«Chymische Hochzeit Christiani Rosencreutz Anno 1459» erscheint in Straßburg; «Turbo», Andreaes faustisches Drama vom irrenden Ritter vom Geist
1617	«Menippus», zeitkritische Schrift
1618	Beginn des Dreißigjährigen Krieges
1619	«Turris Babel» mit kritischen Äußerungen Andreaes über das mißdeutete Rosenkreuzertum; «Christianopolis» als Utopie eines christlichen Gemeinwesens
1620	März: Ernennung zum Superintendenten (Dekan) in Calw; Versuch, eine «Societas christiana» zu begründen und die rosenkreuzerische Gemeinschaftsidee im kirchlichen Raum zu konkretisieren
1622	Niederschrift der pädagogischen Schrift «Theophilus», dessen Veröffentlichung die kirchliche Zensurbehörde untersagt
1631	Während des Dreißigjährigen Kriegs setzt Andreae auf den Sieg des Schwedenkönigs Gustav Adolf, der aber 1632 fällt und damit die Hoffnung auf die Wiederbelebung des Luthertums zunichte macht
1634	Nach der Schlacht bei Nördlingen dringen kaiserliche Truppen in Calw ein und vernichten es großenteils; die Pest bricht aus; Andreae organisiert die Aufbau- und Fürsorgearbeit

1638	Vom Herzog mit der Wiederherstellung der kirchlichen Ordnung in Württemberg beauftragt; am 11. Oktober Berufung auf die 1. Hofpredigerstelle in Stuttgart
1639	Als Konsistorialrat Mitglied der württembergischen Kirchenleitung und beauftragt, die Theologenausbildung und das Schulwesen zu reformieren
1646	Andreae zieht sich krankheitshalber vom Verwaltungsdienst zurück und nimmt nur noch die Aufgaben als Prediger und Seelsorger wahr
1648	Ende des Dreißigjährigen Krieges
1649	«Theophilus», die 1622 ohne Druckerlaubnis verfaßte pädagogische Schrift, erscheint in Stuttgart
1651	Andreae wird Generalsuperintendent und Abt in Bebenhausen
1654	Am 27. Juni stirbt Johann Valentin Andreae in Adelberg

Literaturhinweise

Zur Bibliographie Gottfried Mälzer: Die Werke der württembergischen Pietisten (bis 1968). Berlin–New York 1972, S. 1–28. – Vgl. ferner Richard van Dülmen: Die Utopie einer christlichen Gesellschaft. Teil 1. Stuttgart 1978, S. 279–295.

Ausgaben

Johann Valentin Andreae: Fama Fraternitatis – Confessio Fraternitatis – Chymische Hochzeit Christiani Rosenkreutz Anno 1459. Eingeleitet und herausgegeben von Richard van Dülmen. Stuttgart 1973.

Johann Valentin Andreae: Die Chymische Hochzeit. . . Hrsg. von Alfons Rosenberg (Dokumente religiöser Erfahrung). München–Planegg 1957.

Johann Valentin Andreae: Die Chymische Hochzeit. . . Hrsg. von Walter Weber. Stuttgart 1957; Basel 1978.

John Warwick Montgomery, Cross and Crucible. Vol. II: The Chymische Hochzeit with notes and Commentery. Den Haag 1973.

Johann Valentin Andreae: Christianopolis. Deutsch und Lateinisch, eingeleitet und herausgegeben von Richard van Dülmen. Stuttgart 1972.

Johann Valentin Andreae: Christianopolis. Aus dem Lateinischen übersetzt und kommentiert von Wolfgang Biesterfeld. Stuttgart 1975 (Reclam 9786).

Johann Valentin Andreae: Ein schwäbischer Pfarrer im Dreißigjährigen Krieg; bearbeitet von Paul Antony (Schwäbische Lebensläufe, Band 5). Heidenheim 1970.

A Christian Rosenkreutz Anthology. Compiled and edited by Paul M. Allen in Collaboration with Carlo Pietzner. Blauvelt, New York. (Mit Beiträgen von J. V. Andreae, Th. Vaughan, H. Khunrath, R. Fludd, H. Madathanus, D. Stolcius, R. Steiner, I. Wegmann; Bibliographie und Hinweise auf Äußerungen R. Steiners in dessen Vortragswerk.)

Sekundärliteratur (in Auswahl)

Paul Arnold: Histoire des Rose-Croix et les origines de la Franc-Maçonnerie. Paris 1955; 2. Aufl. La Rose-Croix. . . Paris 1970.

Emil Bock: Boten des Geistes. Schwäbische Geistesgeschichte und christliche Zukunft. Stuttgart 1930; Neuauflagen.

Martin Brecht: J. V. Andreaes Versuch einer Erneuerung der württembergischen Kirche im 17. Jahrhundert. Stuttgart 1967.

Martin Brecht: Johann Valentin Andreae. Weg und Programm eines Reformers zwischen Reformation und Moderne, in: Theologen und Theologie an der Universität Tübingen. Hg. von M. Brecht. Tübingen 1977, S. 270–406.

Richard van Dülmen: Die Utopie einer christlichen Gesellschaft. Johann Valentin Andreae. (Kultur und Gesellschaft. Neue historische Forschungen, Band 2.) Stuttgart 1978.

Antoine Faivre: L'Esotérisme au XVIIIᵉ siècle en France et en Allemagne. Paris 1973.

Karl R. H. Frick: Die Erleuchteten. Gnostisch-theosophische und alchemistisch-rosenkreuzerische Geheimgesellschaften bis zum Ende des 18. Jahrhunderts. Graz 1973.

Karl R. H. Frick: Licht und Finsternis. Gnostisch-theosophische und freimaurerisch-okkulte Geheimgesellschaften bis an die Wende zum 20. Jahrhundert. Teil I. Graz 1975; Teil II. Graz 1978.

Felix Emil Held (Hrsg.), Christianopolis. An ideal state of the 17th century. New York 1916.

Heinrich Hermelink: Geschichte der Evangelischen Kirche in Württemberg von der Reformation bis zur Gegenwart. Stuttgart–Tübingen 1949, S. 119–150.

Karl Heyer: Geschichtsimpulse des Rosenkreuzertums. Kreßbronn 1959.

F. Herbert Hillringhaus: Das Ende unseres Jahrhunderts und die Aufgaben der Rosenkreuzer. Freiburg 1969.

Erwin Jaeckle: Zur rosenkreuzerischen Geschichtsphase; in: Die Tat, Zürich, vom 5., 12. und 19. September 1975.

Paul Joachimsen: Johann Valentin Andreae und die evangelische Utopie; in: Zeitwende. 2. Jahrg. 1926, 485–503; 623–642.

Richard Kienast: Johann Valentin Andreae und die vier echten Rosenkreuzer-Schriften. Leipzig 1926.

Carl Kiesewetter: Geschichte des neueren Okkultismus. Geheimwissenschaftliche Systeme von Agrippa von Nettesheim bis Carl du Prel (1891/95); Neudruck Schwarzenburg 1977.

Carl Kiesewetter: Die Geheimniswissenschaften (1895). Neudruck Schwarzenburg 1977.

Bernhard Koßmann: Alchemie und Mystik in Johann Valentin Andreaes Chymischer Hochzeit Christiani Rosenkreutz (Diss.). Köln 1966.

Ernst Lehrs: Der rosenkreuzerische Impuls im Leben und Werk von Joachim Jungius und Thomas Traherne (Studien und Versuche 5). Stuttgart 1962.

Rudolf Meyer: Goetheanismus und Christentum im Zeichen des Rosenkreuzes; in: Die Christengemeinschaft, 21. Jahrg. 1949, 153–159.

Horst Möller: Die Bruderschaft der Gold- und Rosenkreuzer, in: Freimaurer und Geheimbünde. Hrsg. von Helmut Reinalter. Frankfurt 1983, S. 199–239.

J. W. Montgomery: Cross and Crusible. J. V. Andreae, Phoenix of the theologians. Vol. I/II. Den Haag 1973.

Walter Nigg: Johann Valentin Andreae; in: Nigg: Heimliche Weisheit. Mystisches Leben in der evangelischen Christenheit. Zürich/Stuttgart 1959, 174–192.

Will Erich Peuckert: Das Rosenkreuz. 2., neugefaßte Auflage mit einer Einleitung, hrsg. von R. Chr. Zimmermann. Berlin 1973.

Fred Poeppig: Ursymbole der Menschheit. Unter besonderer Berücksichtigung der Rosenkreuzsymbolik. Freiburg 1972.

Paul Regenstreif: Christian Rosenkreutz und seine Mission. Als Studienmaterial hrsg. auf der Grundlage von Hinweisen Rudolf Steiners. Freiburg 1977.

Hans Schick: Das ältere Rosenkreuzertum. Ein Beitrag zur Entstehungsgeschichte der Freimaurerei. Berlin 1942. 2. Aufl. Die geheime Geschichte der Rosenkreuzer. Mit einer Einführung von Alain Godet. Schwarzenburg 1980.

Hannelore Schilling: Im Zeichen von Rose und Kreuz. Historische und moderne Rosenkreuzer. (Information 71 der Evangelischen Zentralstelle für Weltanschauungsfragen) Stuttgart 1977.

H. Scholz: Evangelischer Utopismus bei J. V. Andreae. Ein geistiges Vorspiel zum Pietismus. Stuttgart 1957.

Willy Schrödter: Das Rosenkreutz. Zürich 1955.

Rudolf Steiner: Die Chymische Hochzeit des Christian Rosenkreutz; in: Steiner: Philosophie und Anthroposophie. Gesammelte Aufsätze 1904–1918. Dornach 1965, 332–408.

Rudolf Steiner: Die Theosophie des Rosenkreuzers. 14 Vorträge, gehalten in München 1907. 6. Aufl. Dornach 1979 (R. Steiner Gesamtausgabe Nr. 99).

Arthur E. Waite: The Brotherhood of the Rosy Cross. London 1924; New York 1973.

Walter Weber: Geisteswissenschaftliche Betrachtungen zur Chymischen Hochzeit, in: J. V. Andreae: Die Chymische Hochzeit. . . Erweiterte Neuauflage Basel 1978.

Walter Weber: Neuere Literatur zum Rosenkreuzertum; in: Blätter für Anthroposophie, 12. Jahrg. 1960, 23–31.

Gerhard Wehr: Esoterisches Christentum. Apekte, Impulse, Konsequenzen. Stuttgart 1975.

Gerhard Wehr: Paracelsus. Freiburg 1979 (Fermenta cognitionis Band 6).

Gerhard Wehr: Jakob Böhme, Geisteslehrer und Seelenführer. Freiburg 1979 (Fermenta cognitionis Band 4).

Gerhard Wehr: Christian Rosenkreuz. Urbild und Inspiration neuzeitlicher Esoterik. Freiburg 1980 (Fermenta cognitionis Band 10).

Frances A. Yates: Aufklärung im Zeichen des Rosenkreuzes. Stuttgart 1975.

Rolf Christian Zimmermann: Das Weltbild des jungen Goethe. Elemente und Fundamente. München 1969. II. Band: Interpretation und Dokumentation. München 1979.

Zu den Bildern

Die Ikonographie der Rosenkreuzer ist so umfangreich, daß nur einige, wenn auch wesentliche Bilder Aufnahme finden konnten.

Als Frontispiz wurde Wolfgang Kilians zeitgenössisches Kupfer«Bildnis des Johann Valentin Andreae» verwendet. Der Kupferstich «Ergon und Parergon der Rosenkreuzer» nach Theophil Schweighart (Speculum sophicum Rhodo-stauroticum, 1618) findet sich auf S. 56, der «Tempel der Weisen» nach Michel Spacherus (Cabbala speculum artis naturae in alchymia, 1667) auf S. 202. Aus den zwei anonym erschienen Heften «Geheime Figuren der Rosenkreuzer aus dem 16. und 17. Jahrhundert» (Altona 1785/88) entstammen die Abbildungen 32, 39, 43, 77 und 95. Sie gehen auf eine Handschrift aus der 2. Hälfte des 17. Jahrhunderts zurück, die den Doppeltitel führt: «Physica Metaphysica et Hyperphysica» oder «Einfältig ABC Büchlein für junge Schüler . . . Bildnißweise vor die Augen gemahlet». Will-Erich Peuckert hat diese Handschrift in der Breslauer Universitätsbibliothek entdeckt und einiges daraus in seinem Werk «Die Rosenkreutzer – Zur Geschichte einer Reformation» (Jena 1928) abgedruckt – vgl. die Bildseiten 42, 76, 94.

Die allegorischen Kupferstiche zur «Atalanta fugiens» des Michael Maier (Oppenheim 1617) sind von Matthaeus Merian eigenhändig ausgeführt (siehe S. 8, 15): eine der bedeutendsten unter den alchymistischen Bilderfolgen.

Aus der gleichen Zeit auch stammt der Holzschnitt auf S. 13 (Occulta Philosophia, Von den verborgenen philosophischen Geheimnissen der heimlichen «Goldblumen» und Lapidis philosophorum, Frankfurt 1621).

Der Innentitel der Erstausgabe «Chymische Hochzeit: Christiani Rosencreutz Anno 1459» (Straßburg 1616) wird auf S. 50 gezeigt, das Kupfer zu «Rei publicae Christianopolitanae descriptio» (Straßburg 1619) auf S. 35, der Innentitel zu einem Neudruck der «Fama Fraternitatis» (Regenburg 1781) auf S. 19.

Das Rosenkreuz wird in seinen verschiedenen Abwandlungen gezeigt: als Luthers und Andreae-Wappen (S. 21 und 25), als Doppelkreuz (S. 55), als schmückender Anhänger (S. 215), als Buchemblem (S. 7).

Der Sohar

Das Heilige Buch der Kabbala.
Nach dem Urtext ausgewählt, übertragen und hrsg. von Ernst Müller. DG 35. 320 S. mit 12 Abb.

Ein schier unglaubliches Buch, das einem die Spiritualität der Bibel nahe bringt: Hymnus, Ritus, Kultus, ekstatische wortwörtliche Beschwörung. Sefer hazSohar heißt «Buch des Glanzes». Es erklärt uns den Weltenbaum und die zehn Doppelworte, die Notwendigkeit des Bösen, den Geheimsinn der Zahlen, die Stufung der Zeit. Es umschließt das geistige und körperliche, das seelische wie das sexuelle Leben des Menschen und ist in vielem freier als das Christentum.

Franz Carl Endres/Annemarie Schimmel

Das Mysterium der Zahl

Zahlensymbolik im Kulturvergleich. DG 52. Ca. 256 Seiten mit 8 Kunstdrucktafeln und 88 Abb. im Text

Jede Hochkultur, jede Weltreligion hat ihre Zahlengeheimnisse – von den Maya und Azteken bis zu den Altägyptern, Indern und Chinesen. Was für das Christentum charakteristisch erscheint, ist z. T. von den Astralkulten der Babylonier überkommen; erstaunlich vieles ist pythagoräischem und kabbalistischem Denken entlehnt.

Der «Endres/Schimmel» ist ein Entdeckungsbuch, ein verläßlicher Führer auf verschlungenen Pfaden: Zahlen-Enzyklopädie.

Diederichs Gelbe Reihe